少年司法社会工作理论与实务研究系列丛书之五

合适成年人工作实务指南

首都综治委预防青少年违法犯罪专项组办公室
首都师范大学少年司法社会工作研究与服务中心 编

中国人民公安大学出版社
·北 京·

图书在版编目（CIP）数据

合适成年人工作实务指南／首都综治委预防青少年违法犯罪专项组办公室，首都师范大学少年司法社会工作研究与服务中心编. —北京：中国人民公安大学出版社，2014. 7
ISBN 978 - 7 - 5653 - 1802 - 3

Ⅰ. ①合… Ⅱ. ①首… ②首… Ⅲ. ①未成年人犯罪—刑事诉讼—研究—中国 Ⅳ. ①D925. 204

中国版本图书馆 CIP 数据核字（2014）第 146649 号

合适成年人工作实务指南
首都综治委预防青少年违法犯罪专项组办公室
首都师范大学少年司法社会工作研究与服务中心 编

出版发行：中国人民公安大学出版社
地　　址：北京市西城区木樨地南里
邮政编码：100038
经　　销：新华书店
印　　刷：北京普瑞德印刷厂

版　　次：2014 年 7 月第 1 版
印　　次：2016 年 12 月 第 2 次
印　　张：4. 375
开　　本：880 毫米×1230 毫米　1/32
字　　数：108 千字

书　　号：ISBN 978 - 7 - 5653 - 1802 - 3
定　　价：32. 00 元

网　　址：www. cppsup. com. cn　www. porclub. com. cn
电子邮箱：zbs@ cppsup. com　zbs@ cppsu. edu. cn

营销中心电话：010 - 83903254
读者服务部电话（门市）：010 - 83903257
警官读者俱乐部电话（网购、邮购）：010 - 83903253
公安业务分社电话：010 - 83905672

本书编委会

编委会主任：常　宇
编委会委员：黄克瀛　张　洁　李海娟
　　　　　　王　辉　席小华　刘　羽
主　　　编：席小华
副　主　编：刘　羽

撰　稿　人：（以姓氏笔画为序）
　　　　　　王　萌　王璐倩　刘　羽
　　　　　　李　涵　沈　纪　张秋雪
　　　　　　席小华　彭　妍　窦江丽

前　言

伴随着现代少年司法理念的确立，“有效保障未成年人的合法权益，贯彻教育、感化、挽救的方针”已经成为现代少年司法制度设计的指导思想。2012年修订的《刑事诉讼法》设置了未成年人刑事诉讼程序专章，规定了六项特殊制度以维护未成年人的合法权益，合适成年人制度便是其中之一。

根据《刑事诉讼法》的规定，自2013年1月1日起，合适成年人介入未成年人案件成为强制性的法律规定，这结束了其在刑事诉讼过程中可有可无的发展阶段。第270条第1款规定：“对于未成年人刑事案件，在讯问和审判的时候，应当通知未成年犯罪嫌疑人、被告人的法定代理人到场。无法通知、法定代理人不能到场或者法定代理人是共犯的，也可以通知未成年犯罪嫌疑人、被告人的其他成年亲属，所在学校、单位、居住地基层组织或者未成年人保护组织的代表到场，并将有关情况记录在案。到场的法定代理人可以代为行使未成年犯罪嫌疑人、被告人的诉讼权利。”

众所周知，合适成年人制度在我国已经试行多年，也积累了一些理论及实务经验，但是其成为未成年人刑事诉讼中必须要开展的一项工作，还是令很多司法实务及未成年人权益保护部门的同志们措手不及！从全国的实践来看，有些地方尚未建立起一支稳定专业的合适成年人队伍，有些地方虽然建立了合适成年人的队伍，但队伍的专业背景不一，对合适成年人工作的法律背景、工作内容以及工作程序等相关问题知之甚少，这种状况严重影响了合适成年人工作的成效。

首都师范大学少年司法社会工作研究与服务中心是国内较早开展合适成年人工作研究和实务探索的社工专业机构。早在2010年，在与司法机关合作的过程中，中心社工就已经开始担任合适成年人工作。在2012年，中心社工对合适成年人工作进行了全面的探索，全年开展合适成年人工作500多人次，在大量实务工作的基础上，中心社工努力学习合适成年人工作必须掌握的法律知识，对合适成年人及其服务对象的权利和义务也进行了深入的学习，同时结合实务，提炼出了合适成年人工作的基本程序和工作内容，更加难能可贵的是，社工们将社会工作个案工作的方法运用到合适成年人工作中，取得了显著的成效。

2012年，应首都综治委预防青少年违法犯罪专项组办公室的邀请，中心社工以自己的专业经验为基础，为北京市各区县开展了5次合适成年人工作培训。在培训过程中，中心社工的经验为推动提升全市合适成年人工作的质量做出了贡献，同时培训也给社工们提升自己的专业能力提供了契机。此时，我们也产生了撰写此书的想法，希望将合适成年人工作的法律基础进行系统梳理，将我们开展合适成年人工作的流程以及具体工作方法总结提炼，希望我们的经验能够为国内同行提供必要的参考。

本书的撰写思路如下：

第一章，梳理合适成年人制度的产生和发展，从宏观层面介绍合适成年人制度的基本概念、在国内外产生和发展的历程以及对合适成年人制度的重要意义。

第二章，对合适成年人的法律基础进行介绍，从中观层面讲述合适成年人制度的法律基础、合适成年人的选任范围、工作流程等，重点是对合适成年人服务对象的权利和义务进行介绍，以便于合适成年人能够更好地履行自己的责任。

第三章是合适成年人工作的主要内容，系统介绍了合适成年人应该具备的专业资质，应享有的权利和义务以及具体的工作流程等。

第四章是本书最具特色的部分。中心社工在实务探索的基础上，系统总结了社会工作个案工作方法在合适成年人工作中的运用。希望社会工作专业方法的运用能够有效提升合适成年人工作的专业化水平。

本书的撰写作者是首都师范大学少年司法社会工作研究与服务中心的专、兼职社工，他们立足于长期的实务经验积累同时进行了深度思考，而且在本书的撰写过程中投入了大量的精力和心血！感谢他们的辛勤工作！另外本书撰写还得到了首都综治委预防青少年违法犯罪专项组办公室以及联合国儿童基金会的大力支持，在此一并感谢！

席小华
2014 年 3 月

目 录

第一章　合适成年人制度的产生和发展

一、合适成年人制度的基本概念

（一）合适成年人制度的基本概念

1. 什么是合适成年人制度？

关于合适成年人制度的基本含义，曾有学者从合适成年人在场的刑事诉讼阶段角度，将其划分为狭义、中义、广义三层。狭义的合适成年人制度仅指在侦查讯问未成年人程序中，有合适成年人到场的制度；中义的合适成年人制度是指在未成年人接受审前讯问程序中（包括侦查阶段的讯问和审查起诉阶段的讯问），有合适成年人到场的制度；广义的合适成年人制度是指在审前讯问和审讯未成年人程序中，有合适成年人到场的制度。①

合适成年人制度还有哪些其他名称？

合适成年人制度是西方刑事司法制度中维护未成年犯罪嫌疑人权益的一项重要制度。在我国学界，该制度又被称为“适当成年人介入制度”②、“适当成年人在场制度”③、“合适成年人参与

① 姚建龙：《论合适成年人在场权》，载《政治与法律》，2000 年第 7 期，第 146 页。

② 姚建龙：《英国适当成年人介入制度及其在中国的引入》，载《中国刑事法杂志》，2004 年第 4 期。

③ 徐美君：《“适当成年人”讯问在场制度研究——以未成年犯罪嫌疑人为例》，载《现代法学》，2003 年第 5 期。

讯问制度"[①] 等，虽然译名不同，但其基本含义大致是相同的。

2. 合适成年人参与未成年人刑事诉讼活动具有哪些特征?

合适成年人参与未成年人刑事诉讼活动具有以下几个特征：合适性、独立性、积极性。[②]

3. 如何理解合适成年人参与未成年人刑事诉讼活动的合适性?

合适成年人合适性的判断标准主要看该成年人是否有助于实现未成年犯罪嫌疑人的最大利益。一般来讲，与案件有牵连的人，警察或警方聘用人员，未成年人明确拒绝到场的人等其他不宜到场者，被认为不具有"合适性"。

4. 如何理解合适成年人参与未成年人刑事诉讼活动的独立性?

合适成年人的独立性是指合适成年人应作为独立的第三方介入未成年人刑事诉讼程序，不从属于司法机关，在诉讼活动中避免涉案未成年人陷入孤立无援的困境，协助涉案未成年人在讯问过程中理解相关法律，并协助涉案未成年人与警方沟通，促进讯问过程的顺利进行，维护涉案未成年人的合法权益。

5. 如何理解合适成年人参与未成年人刑事诉讼活动的积极性?

合适成年人的积极性强调到场的合适成年人要积极地履行作为合适成年人应有的义务，充分发挥应有的功能，追求儿童利益最大化的实现，而不是单纯地作为旁观者参与整个讯问过程。

（二）与合适成年人制度相关的法律概念

1. 什么是未成年人?

《未成年人保护法》第2条规定："本法所称未成年人是指未

---

① 刘芹：《"中欧少年司法制度——合适成年人参与制度研讨会"会议综述》，载《青少年犯罪问题》，2003年第3期。

② 冯雪菲：《论合适成年人参与制度的完善》，燕山大学硕士学位论文，2012年。

满十八周岁的公民。”而合适成年人所服务的涉嫌犯罪的未成年人应该是指 14 周岁以上、18 周岁以下，已达到承担刑事责任年龄的公民。

2. 什么是犯罪嫌疑人、被告人?

对公诉案件而言，犯罪嫌疑人和被告人是同一种人在不同诉讼阶段的不同称谓。受刑事追诉者在检察机关向法院提起公诉以前，称为“犯罪嫌疑人”，在检察机关正式向法院提起公诉后，则称为“被告人”。在自诉案件中，自诉人直接向人民法院提起自诉，案件已经人民法院受理即直接进入审判阶段，因此，在自诉案件中，受刑事追究者统称为“被告人”。[①]

3. 什么是被害人?

被害人，是指其人身权利、财产权利或者其他权益遭受犯罪行为直接侵害的人。[②]

4. 什么是证人?

证人，是指除当事人以外了解案件情况而向公安司法机关作证的人。刑事诉讼中的证人必须具备一定的条件：一是证人必须是自然人；二是证人必须是在刑事诉讼活动开始之前了解案件情况的人；三是证人必须是能够辨别是非、能够正确表达的人。[③]

5. 什么是见证人?

通常意义中的见证人，是指观察某件事情发生的过程和结果并为之作证起证明作用的人。刑事诉讼法中的见证人是指接受公安机关、人民检察院、人民法院的邀请在某些诉讼活动中到场观察，证明诉讼行为的过程和结果的人员。值得强调的是，见证人

---

① 叶青主编：《刑事诉讼法学（第三版）》，上海人民出版社，2013 年版，第 102 页。

② 叶青主编：《刑事诉讼法学（第三版）》，上海人民出版社，2013 年版，第 100 页。

③ 宋英辉主编：《刑事诉讼法学》，中国人民大学出版社，2007 年版，第 76 页。

的主要工作是在场证明，不同于合适成年人。①

6. 什么是刑事诉讼？

刑事诉讼，就是解决有关犯罪和刑罚方面争议的诉讼形式，具体是指国家专门机关在当事人及其他诉讼参与人的参加下，依照法律规定的程序，追诉犯罪，解决被追诉人刑事责任的活动。我国刑事诉讼包括立案、侦查、起诉、审判和执行五个阶段。②

二、合适成年人制度在国外的产生和发展

（一）合适成年人制度在国外的产生

1. 合适成年人制度起源于哪里？

合适成年人制度起源于英国的肯费特案件。1972 年，英国一名叫 Maxwell Confait 的男子被谋杀，三个十多岁的男孩承认了该桩罪行，被判处犯有谋杀罪。上诉法院在审查这一案件时发现，其中一个男孩智力迟钝，警察在没有任何独立成年人在场的情况下对他们进行了讯问，没有告诉他们有可以与律师或者朋友联系的权利。上诉法官认为，三名少年的权利受到侵犯，正是这种情况导致了虚假的供述，遂后来宣布判决无效。法官建议应当有一个委员会来考虑警察权利和嫌疑人权利之间的平衡问题。1981 年，英国形式诉讼皇家委员会第一次提出应当设立合适成年人参与讯问制度，他们提出："未成年人可能不能很好地理解讯问的重要性或他们所说的内容，并且可能比成年人更容易受到他人建议的影响，他们可能需要成年人在场的支持，尤其是一些友好的成年人，以建议和帮助他们作出自己的决定。"这个委员会最后

---

① 胡之芳：《论刑事诉讼中的见证人》，载《人民检察》，2004 年第 6 期，第 20 页。

② 梁玉霞、杨胜荣编著：《中国刑事诉讼法》，暨南大学出版社，2012 年版，第 2 页。

促成了 1984 年《警察与刑事证据法》的产生。在这个法案中，正式确立了合适成年人的概念。

2. 英国的合适成年人制度是如何发展的?

在《警察与刑事证据法》颁布后，经过十多年的运行，1984 年法案中的规定却没有取得预期的效果，到警察局担任合适成年人的往往是少年司法工作者、照顾未成年人社会服务工作人员，或者紧急职责社工队，提供合适成年人服务往往是一种附带性的工作。这种局面直到 1996 年后才有改观。1996 年，经过深入调查后，英国内政部签发了确立合适成年人地位和作用的建议性草案，并在 1998 年《犯罪和动乱法》中确定合适成年人是一种法定性的要求，明确规定地方当局必须提供合适成年人的服务，同时建立青少年犯罪工作小组进行协调。

3. 英国的《警察与刑事证据法》中规定合适成年人适用对象有哪些?

在《警察与刑事证据法》中，守则 C1.5 规定，合适成年人主要参与涉及两类犯罪嫌疑人的案件：未成年人案件以及精神错乱或智力有障碍的人的案件。这里的未成年人是指年龄低于 17 岁的人。对于未成年人的保护在 1998 年《犯罪和动乱法》中又一次被强调，该法案要求地方当局主动为未成年人提供少年司法服务，包括“在警察拘留或者讯问的情况下，提供合适成年人以维护儿童和年轻人的利益”。

4. 英国的《警察与刑事证据法》中如何规定合适成年人的范围?

在《警察与刑事证据法》中，守则 C1.7 以及注释 1B 规定了能够担任合适成年人的条件，具体包括以下三类：

一是未成年人的父母或监护人。如果该未成年人正被照料中，则由照料当局或者志愿组织担任。但是注释 1B 对此提出了两点例外：

（1）未成年人的父母或者监护人有下列情况的，不能成为合适成年人：是犯罪的共同嫌疑人；是犯罪的受害者；是目击证人；已经参与了调查。

（2）如果未成年人与其父母关系疏远，只要未成年人明确反对，其父母就不应成为合适成年人。

二是社会工作者或者社会工作组织。但是，如果一名社会工作者在未成年人被羁押前就已受命照顾未成年人，那么就由另外的社会工作者担任其合适成年人。

三是如果缺乏上述两种人，可以由其他年满十八周岁可靠的成年人担任，但是这个人不能是警察或者受雇于警察局的人。

5. 对于特殊的未成年人，英国的《警察与刑事证据法》中如何规定其合适成年人的范围？

对于精神错乱或智力有障碍的人，也有三种人可以担当合适成年人。一是亲属、监护人或者其他负责照料或监护他的人。二是具有与精神错乱或智力有障碍的人打交道经验的人，但不能是警察或者受雇于警察局的人。三是没有上述人员的时候，可以由其他年满十八周岁的可信赖的成年人担任，但他同样不能是警察或者受雇于警察局的人。

6. 英国《警察与刑事证据法》中对合适成年人参与的程序与方式有哪些规定？

守则 C3. C6. C10. C11. C16 等部分内容规定了合适成年人参与的程序和方式。

未成年人被逮捕后，羁押警察必须尽可能快地将未成年人被逮捕的消息、被逮捕的原因以及关押的地点通知合适成年人。这一权利同时也是禁止将未成年人单独囚禁的权利的引申。同时，警察必须告知未成年人他们有权利从合适成年人处获得建议和帮助并且他们随时可以和合适成年人进行私下的交流。合适成年人一般会在接到通知后两到三个小时内到达，如果未成年人在深夜或凌晨被逮捕，这个时间将会更长一些。

合适成年人到场后，会完成下列一系列工作：（1）检查羁押记录，以确认未成年人被逮捕的时间和之后发生的事情；（2）与未成年人交谈，以确定警察是否告知了其逮捕的原因；（3）向未成年人表明身份，解释自己的职责和权利，告知其权利和义务；（4）让未成年人知道在警察局的权利和程序；（5）让未成年人确信，只要他愿意就能让某些人知道自己所在的地方。

7. 在英国，合适成年人对警察的讯问有何影响？

警察的很多行为必须在合适成年人在场的情况下才具有效力。守则 C10. 12 规定，警察如果在没有合适成年人在场的情况下对未成年人宣布警告，这种警告必须在合适成年人在场的情况下再一次做出。守则 C11. 15 规定，合适成年人不在场的情况下，警察不得对未成年人进行讯问或要求签署任何书面陈述。警察讯问结束后，合适成年人有权要求阅读所有的讯问笔录，并且在笔录上签名。如果讯问笔录没有合适成年人的签名，或者没有合适成年人拒绝签名的说明，讯问笔录将被视为违反程序，该口供不具有呈堂效力。守则 C16. 1 规定，如果警察确信未成年人构成犯罪，要对他提起控诉，任何具有法律后果的行为都必须在合适成年人在场的情况下进行。如果羁押警察决定释放未成年人，或者予以保释而需要对未成年人进行拍照、提取指纹或 DNA 样本时，合适成年人也可以继续留在警察局向未成年人解释这些程序并提供帮助。

8. 英国《警察与刑事证据法》中对合适成年人的作用是如何规定的？

守则 C11. 17 规定了合适成年人的作用：合适成年人并不是仅仅以旁观者的身份出现，他们充当更为积极和主动的角色。合适成年人主要有三大作用：（1）给被讯问的未成人提供建议；（2）观察讯问的过程是否公平合理；（3）协助未成年人与警察沟通。

9. 在英国，合适成年人与律师有哪些区别？

合适成年人与律师之间的区别比较明显，且不能相互代替。

两者的区别主要有以下方面：（1）合适成年人参与讯问是法定的要求，一般由警方负责通知合适成年人到场，律师则是代表未成年人利益的，一般根据未成年人或者其监护人的要求而到场；（2）律师具有法律资格，他们能够对未成年人提供法律咨询，而合适成年人不能提供法律事务方面的建议；（3）律师的任职资格比较严格，需要经过相关的职业资格认证，而合适成年人没有这方面要求。

10. 英国如何从制度上对合适成年人的参与进行保证？

为了从制度上对合适成年人的参与进行保证，应该设置专门的羁押警官。其职务相当于警长，负责整个警署羁押的事宜。其工作有四点要求：（1）必须公正、独立地审核案件；（2）涉及有关程序的做法，要确保侦讯的工作是合法的；（3）要确保嫌犯的有关权利；（4）必须要做好有关记录，特别是羁押侦讯过程中的所有记录。如果这个警官没有做好这些工作，他将负有罪责。未成年人被羁押在警署后，由羁押警官通知有关合适成年人，并在合适成年人到来时告知其角色和作用，同时还要为合适成年人提供有关的角色、作用的书面材料，告诉其可以与未成年人私下交谈。①

11. 英国设立合适成年人制度的理论基础是什么？

合适成年人这一政策的理论基础，是从犯罪控制模式向正当程序模式的转变。犯罪控制模式注重对犯罪的打击而对如何认定犯罪并不是很注重；正当程序模式更关注程序正当，认为非正当程序就是不合法的，任何做法都要经过正当的程序，然后才考虑犯罪认定的问题。合适成年人参与制度，就是以程序公正确保司法公正。合适成年人参与这一新机制能全面保护未成年人的合法权利，实现联合国《保护儿童权利公约》的规定。同时，对警察

---

① 刘芹：《“中欧少年司法制度——合适成年人参与制度研讨会”会议综述》，载《青少年犯罪问题》，2003 年第 3 期。

也有几个方面的好处：第一，可以使警方不滥用权力，使被讯问的人不受凌辱。第二，使警察更加全面专业化。第三，保护嫌犯，同时也是保护了警察自己。第四，提高了证据的质量和证据的可靠性、证据力。[①]

（二）合适成年人制度在国外的发展

1. 哪些国家（地区）的法律中规定了合适成年人制度？

当前，无论是英美法系的英国、美国、澳大利亚、新西兰、中国香港，还是大陆法系的德国、奥地利、日本等国家和地区都有关于此项制度的立法。

2. 西方国家在讯问未成年人时，对于在场人员的规定有哪些？

各国在讯问未成年人时，关于在场人员的规定大致可以分为三类：

第一类是父母或者代理人在场。典型的如澳大利亚，其各州的司法辖区都要求在讯问未成年犯罪嫌疑人时，应有成年证人在场。有审判意见认为，在讯问和侦查阶段独立的成年人在场是非常重要的，这样可以确保未成年人所作出的陈述是自由的、自愿的，不会通过不合适的方式获得。法院在考虑成年人不在场的情况下未成年犯罪嫌疑人所作出的供述的可采性时应特别谨慎。但是，这些有关成年人在场条款的规定并不特别统一，主要表现在，被要求在场的合适成年人的范畴、适用的犯罪类型、保护的范围、所包括的侦查行为以及违反这一在场要求的后果等方面都有所不同。一是在场作为一种原则，但也允许一定条件下的不在场。例如，在维多利亚州，1958 年《犯罪法》第 464E 条规定，在讯问 17 岁以下的已被逮捕或者有充分证据证明应予逮捕的青

---

① 刘芹：《“中欧少年司法制度——合适成年人参与制度研讨会”会议综述》，载《青少年犯罪问题》，2003 年第 3 期。

少年时，一方父母、监护人或者独立的成年人必须在场，除非出于对他人安全的考虑，不应延迟讯问。二是限于特定犯罪的在场。例如，澳大利亚北部地区 1983 年《青少年司法法》第 25 条、第 34 条规定，如果青少年因涉嫌可能被判处 12 个月以上刑期的犯罪而受到讯问时，应有第三方在场。

第二类是特殊人员如教师在场。例如，《俄罗斯联邦刑事诉讼法典》就规定教师可以参加未成年人的讯问，并且还享有一定的权利。《俄罗斯联邦刑事诉讼法典》第 397 条规定，依照侦查人员和检察长的约定或者辩护人的申请，教师可以参加对未满十六岁的未成年刑事被告人的讯问。在讯问十六岁以上的未成年人时，如果他被认为智力低下，教师也可以参加。参加讯问的老师有权了解讯问笔录，并对笔录中所记载内容的正确性和完整性提出书面意见。在开始讯问未成年人之前，侦查员必须向教师说明他所享有的权利，并在讯问笔录中加以注明。

第三类是律师在场。在澳大利亚的多数司法辖区，无论是成年人还是未成年人都没有指定法或者普通法上的权利要求在被讯问时律师在场，但是南澳大利亚《简易犯罪法》第 79a 条和维多利亚州除外，立法规定在被讯问或者侦查期间有权要求一个朋友或者律师在场。在许多判例中，因拒绝律师在场而导致了证据的排除。①

3. 国（境）外合适成年人制度的类型有哪些?

综观各国（地区）对讯问未成年犯罪嫌疑人时合适成年人参与的规定，大致可以分为两类：

第一类是英国、澳大利亚、新西兰、美国、中国香港等的“福利模式”，第二类是德国、俄罗斯、奥地利等的“司法模式”。

---

① 朱燕华：《国内外“合适成年人”讯问时在场制度的探讨》，载《法制与社会》，2011 年第 4 期。

4. “福利模式”的合适成年人制度有哪些特点？

“福利模式”的国家和地区对合适成年人参与制度的设计较为严格和完善。例如，在澳大利亚，其各州的司法辖区都要求，在讯问未成年犯罪嫌疑人时，应有成年证人在场，在讯问和侦查阶段独立的成年人在场是非常重要的，以确保所作出的陈述是自由的、自愿的，不会通过不适当的方式获得。维多利亚州1958年《犯罪法》第464E条规定，在讯问17岁以下的已被逮捕或者有充分证据证明应予逮捕的青少年时，一方父母、监护人或者独立的成年人必须在场，除非出于对他人安全的考虑，不应延迟讯问的除外。南澳大利亚州1953年《简易犯罪法》第79A条项规定，所有因涉嫌犯罪而被逮捕的未成年人不能受到讯问或者调查，除非有律师、亲戚、朋友或者其他指定人员在场。但是，如果对犯罪可能判处的刑罚不超过两年（不包括两年），而且基于未成年人利益的代理人在场不具有合理的现实性时例外。新南威尔士州1987年《儿童（刑事诉讼）法》第13条规定，青少年向警察官员所作的任何陈述在该青少年为一方当事人的诉讼中都不能被采纳，除非有对该少年负有责任的人自始至终在场，或者在该青少年为16周岁以上（含16周岁）时，在征得该青少年同意，有一名成年人（除警察外）在场。又如，我国香港法律规定：被警方拘捕的青少年，只有在父母、监护人或与该青少年性别相同的人士（如其兄或姐）在场的情况下才能接受接见。若青少年的口供是在没有该等人士在场的情况下录取，该口供被视作以欺压手段获得。法庭可以此作为足够理由，不把口供列为证据。[①]

5. “司法模式”的合适成年人制度有哪些特点？

“司法模式”国家的合适成年人参与制度相对来讲不如“福利模式”国家严格和完善。例如，《俄罗斯联邦刑事诉讼法典》第426条的规定，根据检察长、侦察员、调查人员的决定，允许

---

① 赵秉志主编：《香港刑事诉讼程序法》，北京大学出版社，1996年版。

未成年犯罪嫌疑人、刑事被告人的法定代理人自未成年人作为犯罪嫌疑人、刑事被告人第一次被讯问之时起参加刑事案件。第425条第5项规定，教师或心理专家经检察长、侦察员、调查人员许可有权向未成年犯罪嫌疑人、刑事被告人提问，而在讯问结束后有权了解讯问笔录并对笔录内容是否正确和全面提出书面意见。德国《少年法院法》第67条规定，凡被告少年享有或应当享有的权利，如提出质询和声明，或在调查程序中到场等，其监护人和法定代理人也应享有。①

6. “福利模式”合适成年人参与制度与“司法模式”合适成年人参与制度相比，二者有哪些区别？

区别主要体现在五个方面，分别是合适成年人制度的定位、合适成年人的范围、合适成年人参与的目的、合适成年人参与的程序、合适成年人参与的法律后果。②

7. “福利模式”合适成年人参与制度与“司法模式”合适成年人参与制度相比，在合适成年人制度的定位方面有哪些区别？

在“福利模式”的国家里，一般把合适成年人参与制度作为未成年犯罪嫌疑人所享有的，相对于成年人而言属于额外的权利。未成年犯罪嫌疑人在这种制度具体的运作中享有更多的主动权，有权利要求、选择自己信任的合适成年人参与对自己的审讯，以维护自己在被讯问这种特殊环境下的合法权益。而在“司法模式”国家里，就合适成年人的监护人、法定代理人而言，其参与在一定程度上被视为监护人、法定代理人的权利的一种延伸，而并非是未成年犯罪嫌疑人的一项权利。

8. “福利模式”合适成年人参与制度与“司法模式”合适成年人参与制度相比，在合适成年人的范围方面有哪些区别？

在“福利模式”的国家里，合适成年人的范围较广，为了确

---

① 张利兆主编：《检察视野中的未成年人维权》，中国检察出版社，2004年版。

② 蔡勤：《合适成年人参与制度研究》，苏州大学硕士学位论文，2007年。

保未成年犯罪嫌疑人在讯问时能够有合适成年人参与，一般都建立了较为完善的配套保障制度。例如，英国在三十多年的实践中形成了一支能在 24 小时内随叫随到的合适成年人队伍。而在“司法模式”国家，并不建立常备的合适成年人队伍，未成年犯罪嫌疑人往往由于没有父母、监护人、教师或者拒绝父母、监护人、教师到场的等因素，而在被讯问时没有合适成年人到场。

9. “福利模式”合适成年人参与制度与“司法模式”合适成年人参与制度相比，在合适成年人参与的目的方面有哪些区别?

在“福利模式”的国家里，合适成年人参与的目的主要是维护未成年犯罪嫌疑人的权益。合适成年人参与的主要作用首先是为被讯问的犯罪嫌疑人提供意见并观察讯问是否公平合理。其次是协助未成年犯罪嫌疑人与警察沟通。而在“司法模式”国家，合适成年人参与的目的虽然也是维护未成年犯罪嫌疑人的合法权益，但在制度设计上更体现出为了帮助警方，使讯问更富有成效和顺利进行而考虑。

10. “福利模式”合适成年人参与制度与“司法模式”合适成年人参与制度相比，在合适成年人参与的程序方面有哪些区别?

在“福利模式”的国家里，如果未成年的犯罪嫌疑人需要讯问，那么警方会自行通知合适成年人到场。在合适成年人到场后，警方才可以开始讯问未成年的犯罪嫌疑人。而在“司法模式”的国家里，合适成年人的参与往往要求一定的前提条件。例如，奥地利以未成年人请求作为“可信赖之人”参与的前提，而俄罗斯则只有经检察长、侦察员、调查人员的决定通过，法定代理人、教师、心理专家才可参与未成年犯罪嫌疑人的讯问。

11. “福利模式”合适成年人参与制度与“司法模式”合适成年人参与制度相比，在合适成年人参与的法律后果方面有哪些区别?

在“福利模式”的国家里，合适成年人参与的法律后果较为严格，这些国家和地区的法律大都规定，讯问未成年犯罪嫌疑人时，合适成年人是否在场对未成年犯罪嫌疑人的供述是否具有法律效力具有非常关键性的影响。如果警察在讯问未成年犯罪嫌疑人时没有合适成年人的参与，未成年犯罪嫌疑人的供述一般都会被依法排除。但在“司法模式”的国家里，如果在讯问未成年犯罪嫌疑人时缺乏合适成年人的参与，一般也并不影响警方所获取供述的法律效力。

12. 在国外，合适成年人参与主要有哪些功能？

在国外，合适成年人参与的功能，主要是向未成年人提供咨询建议，旁听讯问过程以监督警察的讯问是否公正合法，并协助被讯问未成年人与警察的沟通。从而，使未成年人在一种公正、舒适的情况下理性对待警察的讯问。因此，合适成年人在询问前可以与未成年人私下接触一会儿，要告知自己并非来自警察或受雇于警察机构，打消未成年人的顾虑，获得其信任。其谈话内容不涉及案件情况，主要是看未成年人是否受到粗暴对待，是否喝过酒或饮料，需要是否得到了满足，是否存在健康问题，以判断未成年人是否处于正常状态，是否能够接受讯问。同时，要确认未成年人是否知晓有关的权利义务，是否需要向律师咨询等。因此，合适成年人的作用不同于法律工作者。法律工作者主要是就法律问题提供帮助，而合适成年人主要是协助沟通和确保侦讯的公正性，目的是排除证据收集不恰当的可能性。因此英国法律规定，即使律师在场，仍然不能取代合适成年人参与。①

13. 国外的合适成年人需要具备哪些基本素质？

合适成年人社会调查制度是西方国家较为普遍的制度，职业化和专业化是合适成年人的显著特征。合适成年人上岗前需经专业培训，以掌握成熟科学的调查方法，调查部门还聘请医学、心

---

① 刘芹：《“中欧少年司法制度——合适成年人参与制度研讨会”会议综述》，载《青少年犯罪问题》，2003 年第 3 期。

理学、教育学、社会学等学科的专家作为调查顾问。日本少年法要求家庭法院调查少年事件时，调查官要运用医学、心理学、教育学、社会学等其他专门知识，并有效地运用少年鉴别所提供的鉴定结果。①

三、合适成年人制度在我国的产生和发展

（一）合适成年人制度在我国的产生和发展

1. 合适成年人制度最早出现在我国的哪项法律规定中？

我国法律中虽然没有“合适成年人”的概念，更没有确立西方式的合适成年人参与制度，但其中也有要求成年人参与的规定，并且这种规定在 1962 年 12 月公安部发布的《预审工作细则（试行草案）》就已出现。公安部《预审工作细则（试行草案）》第 21 条明确规定：“对少年犯的审讯，在必要的时候，可以邀请他的父母或监护人以及所在学校的代表参加讯问。”

2. 合适成年人制度在我国的发展历程是什么？

1962 年 12 月公安部发布的《预审工作细则（试行草案）》第 2 条规定：“对少年犯的审讯，在必要的时候，可以邀请他的父母或监护人以及所在学校的代表参加讯问。”

1979 年公安部制定的《预审工作细则》第 29 条规定：“审讯不满十八岁的未成年的犯人时，可以通知他的法定代理人到场。”

1998 年公安部《公安机关办理刑事案件程序规定》第 182 条第 1 款规定：“讯问未成年的犯罪嫌疑人，应当针对未成年人的身心特点，采取不同于成年人的讯问方式；除有碍侦查或无法通知的情形外，应当通知其家长、监护人或者教师到场……”

---

① 刘立霞：《合适成年人社会调查制度研究——以未成年犯罪嫌疑人、被告人为视角》，载《青少年犯罪问题》，2008 年第 4 期。

2002年最高人民检察院《人民检察院办理未成年人刑事案件的规定》第11条第4款规定："讯问未成年犯罪嫌疑人，可以通知其法定代理人到场，告知其依法享有的诉讼权利和应当履行的义务。"

1996年修正的《刑事诉讼法》第14条第2款规定："对于不满十八岁的未成年人犯罪的案件，在讯问和审判时，可以通知犯罪嫌疑人、被告人的法定代理人到场。"

3. 合适成年人制度在我国现行《刑事诉讼法》中是如何规定的？

2012年修订的《刑事诉讼法》第270条第1款规定："对于未成年人刑事案件，在讯问和审判的时候，应当通知未成年犯罪嫌疑人、被告人的法定代理人到场。无法通知、法定代理人不能到场或者法定代理人是共犯时，也可以通知未成年犯罪嫌疑人、被告人的其他成年亲属，所在学校、单位、居住地基层组织或者未成年人保护组织的代表到场，并将有关情况记录在案。到场的法定代理人可以代为行使未成年犯罪嫌疑人、被告人的诉讼权利。"该条规定是对我国一直存在的成年人在场制度的完善。过去法律用的是"可以通知"，新法则用"应当通知"，增强了执行的刚性和强制性，同时扩大了到场人的范围，完善了相关程序。

（二）合适成年人制度的云南"盘龙模式"

1. 什么是云南"盘龙模式"？

昆明市盘龙区政府与英国救助儿童会合作的"未成年人司法试点项目"，以引进英国"合适成年人"参与制度为切入点，进行"司法分流"和未成年人的社区帮教和矫正工作的机制探索。云南"盘龙模式"就是在这种机制探索的基础上建立起来的。

2. "盘龙模式"合适成年人队伍是由哪些人构成的？

"盘龙模式"的合适成年人，主要从盘龙区内的青少年专职干部、司法所司法助理员、社区居委会成员、办事处综治专干及其他退休人员、社会工作者、志愿者，以有利工作、就近参与工作为标准进行选择。合适成年人需要经“项目办”专业培训考核，具有责任心，有一定社会阅历及工作经验，有教育学、心理学、法律知识。①

3. 什么是司法分流？

司法分流是盘龙区试点项目的一大特色，分流工作涉及对法律体系中“教育与惩处”原则、“宽严相济”政策的尺度把握。司法分流主要是对未成年犯罪嫌疑人做出刑事处置决定时，为了避免监禁处置，有条件地或最大限度地把他们从司法程序中“分流”出来，采取非监禁处置措施，实现对涉罪未成年人的司法保护。司法分流每个环节都紧紧相扣，具体操作流程如下：首先，合适成年人对分流的对象进行风险评估。评估内容包括涉案的未成年人的成长经历、家庭教育、性格特点等情况。其次，合适成年人收到“项目办”的同意批示后，进行案件跟进。征得受害方同意，会同派出所对双方进行调解，争取受害方的谅解。最后，根据分流渠道做出不同处置。如果从公安、检察院分流出来，均纳入社区帮教；如果从法院分流出来，则转交司法机关进行社区矫正。

4. “盘龙模式”的实践有何效果？

“盘龙模式”以减少进入正式司法体系的未成年人人数为目标，建立了未成年人司法管理机制，是探索中外做法相结合的最佳模式。合适成年人从侦查阶段介入一直延伸到审查起诉、审判阶段，最后到“司法分流”后的社区矫正，对触法的未成年人跟踪教育，体现人文关怀，有助于他们重返社会。为了推进司法分流，盘龙区公安分局成立了“涉案未成年人保护领导小组”、“未成年人案件审理办公室”。为了让民警更多地了解合适成年人参

---

① 祁涛：《引进“合适成年人”制度初探》，载《云南大学学报》（法学版），2005年第18卷第2期，第100页。

与制度，该项目组与盘龙区公安分局联合对办案的警察培训考核，提高了警察对合适成年人参与制度的认同感，更有利于他们依法讯问。总的来说，盘龙区合适成年人参与制度正在步入规范化和良性发展的阶段。

（三）合适成年人制度的“北京模式”

1. 北京是何时开展合适成年人相关工作的？

根据首都综治委预防青少年违法犯罪专项组办公室（以下简称预青组）、北京市未成人保护委员会2012年工作计划，继《北京市关于进一步建立和完善办理未成年人刑事案件配套工作体系的若干意见》主文件和《关于对未成年犯罪嫌疑人、被告人进行社会调查工作的实施办法（试行）》后，又于2012年正式出台《关于在办理未成年人刑事案件中推行合适成年人到场制度的实施办法（试行）》。该实施办法中明确提出，合适成年人就是指法定代理人无法通知、不能到场或者法定代理人是共犯、且无其他成年亲属到场的，可以通知合适成年人到场陪同涉案未成年人参与讯问、询问、法庭审判等刑事诉讼活动及协助开展心理安抚和思想帮教工作。

新修订的《刑事诉讼法》第270条和中央六部委①《关于进一步建立和完善办理未成年人刑事案件配套工作体系的若干意见》中明确了合适成年人到场的制度，2013年1月1日起，合适成年人工作正式在北京开展。

2. 北京市关于合适成年人队伍的组建和管理是如何规定的？

中央六部委《关于进一步建立和完善办理未成年人刑事案件配套工作体系的若干意见》明确了合适成年人来源包括团干部、司法社工、教师、居住地基层组织代表、律师和其他热心未成年

---

① 中央六部委为：中央综治委预防青少年违法犯罪工作领导小组、最高人民法院、最高人民检察院、公安部、司法部、共青团中央。

人司法保护工作的人员；明确了由市区预青组负责组建固定的合适成年人队伍，并承担人员招募、任务分配、服务记录、培训指导等日常管理，持全市统一印制的《合适成年人服务记录》上岗工作；明确了合适成年人到场服务的流程，并由市区预青组负责给予相关保障，将其作为一支志愿服务队伍进行管理，并进行相应考核表彰。截至2012年12月底，北京市16区县按照统一标准共选拔聘用合适成年人460人。

3. 北京市公安机关、检察院、法院和司法行政机关如何申请合适成年人到场？

公安机关、检察院、法院和司法行政机关根据办案的需要向各区县预防青少年违法犯罪专项组暨未成年人保护委员会办公室申请委派合适成年人到场，也可以向学校、单位、居住地基层组织等申请委派合适成年人到场。

4. 在北京，哪些情形应当通知合适成年人到场？

除特殊情况外，办案机关工作人员在讯问、询问或者审判过程中，发现存在下列情形之一的，应当通知合适成年人到场：（1）与法定代理人无法取得联系的；（2）法定代理人无法到场或是共犯的；（3）法定代理人拒绝到场的；（4）其他成年亲属无法到场的。上述情况，办案机关应当书面记录在案。

5. 在北京，未成年人是否有拒绝或选择合适成年人的权利？

办案机关通知合适成年人到场，应当事先征得未成年人本人或者其法定代理人的同意。如果未成年人或者其法定代理人提出异议且有正当理由的，可由有关部门更换另一合适成年人。

6. 办案机关或市、区县预防青少年违法犯罪专项组暨未成年人保护委员会办公室对合适成年人有哪些要求？

合适成年人应当按办案机关或市、区县预防青少年违法犯罪专项组暨未成年人保护委员会办公室的要求，持《合适成年人服务记录》和身份证按时到场履行职责，陪同涉案未成年人参与诉讼程序。办案人员在合适成年人到场后应首先核实其身份。

履行职责时，合适成年人应先向涉案未成年人表明身份，说明合适成年人工作职责，并与其进行简单会谈，会谈时应当有办案机关工作人员在场。

7. “北京模式”的合适成年人参与制度具有哪些创新?

《关于在办理未成年人刑事案件中推行合适成年人到场制度的实施办法（试行)》第3条规定：合适成年人到场陪同涉案未成年人参与讯问、询问、法庭审判等刑事诉讼活动及协助开展对涉案未成年人的心理安抚和思想帮教工作。由此可见，北京模式不仅强调合适成年人到场陪同涉案未成年人参与和监督诉讼活动，保障涉案未成年人个人权利，同样非常重视涉案未成年人与办案人员在诉讼活动过程中产生的各种负面情绪或其他问题，希望问题得到妥善处理，提升办案效率和质量。

《关于在办理未成年人刑事案件中推行合适成年人到场制度的实施办法（试行)》第19条规定：除特殊情况外，办案机关对涉案未成年人进行多次讯问、询问、审理的，应当保证每次都由同一合适成年人到场。这一规定保障了同一涉案未成年人由同一合适成年人到场，这样有助于合适成年人对涉案未成年人的动态情况进行了解，以便于协助开展对涉案未成年人的心理安抚和思想帮教工作。

8. 合适成年人参与制度在北京的探索取得了哪些成效?

首先，北京市制定了《关于在办理未成年人刑事案件中推行合适成年人到场制度的实施办法（试行)》，为合适成年人工作的开展提供了明确的制度保障。其次，合适成年人参与制度切实保障了在京涉嫌犯罪的未成年人群体的合法权利，使涉罪未成年人得到社会的关怀和支持，有效帮助他们缓解了面对诉讼活动的紧张情绪，由此促进诉讼活动的顺利开展。另外，合适成年人制度的北京模式发挥了社会组织的服务作用，司法社工丰富的帮教经验在合适成年人工作中的帮教阶段得到有效发挥。

（四）合适成年人制度的“上海模式”

1. 上海是何时开展合适成年人相关工作的？

2004年4月，上海正式探索合适成年人参与制度，在长宁、浦东、虹口三区同时展开试点。2010年4月，“合适成年人参与刑事诉讼签约暨未成年人刑事司法联席会议启动仪式”在上海市正式举行。上海市检察院会同该市公安局、法院联合签订了《关于合适成年人参与刑事诉讼的规定》，标志着合适成年人参与未成年人诉讼作为一项诉讼制度在上海市全面展开。

2. 上海合适成年人队伍是由哪些人构成的？

上海市主要采取志愿者充当合适成年人的做法。合适成年人的人选包括：学校老师、青少年社工、共青团干部及其他经过培训的适当人员。律师是否能充当合适成年人目前尚有争论，但实践大多不排斥。一般非本案未成年人的辩护人、法律援助律师，可以作为合适成年人参与诉讼，律师只是以合适成年人的身份介入诉讼。在浦东新区，基于律师能够进入看守所的优势考虑，在未成年人被羁押时，由区法律援助中心委派的援助律师介入讯问。

3. “上海模式”中合适成年人介入讯问阶段的操作规则是什么？

讯问阶段的操作规则包括：

（1）讯问前，公安机关或者检察机关向未成年犯罪嫌疑人的法定代理人发出《法定代理人到场通知书》，通知法定代理人到场参加诉讼；

（2）法定代理人不能到场的，公安机关或检察机关向未成年犯罪嫌疑人发出《合适成年人参与刑事诉讼征求意见书》；

（3）公安机关或检察机关征得未成年人同意后，将《合适成年人参与刑事诉讼通知书》送达受聘的合适成年人；

（4）合适成年人及时到场，向未成年犯罪嫌疑人做自我介绍，与其进行沟通并简单了解案情；

（5）合适成年人根据其权利义务参与讯问；

（6）合适成年人在讯问结束后，必须如实填写《合适成年人参与刑事诉讼情况表》。

4．“上海模式”中合适成年人介入庭审阶段的操作规则是什么？

介入庭审阶段的操作规则包括：

（1）《合适成年人参与刑事诉讼征求意见书》征得本人同意后，在移送案件时一并向法院提交《建议合适成年人参与庭审意见书》，向法院提出合适成年人参与庭审的建议；

（2）法院同意合适成年人参与庭审后，向合适成年人发出《合适成年人参与刑事诉讼通知书》和《合适成年人参与刑事诉讼权利义务通知书》，通知其参与庭审；

（3）庭审前，法院给予合适成年人和涉案未成年人一段时间进行沟通、了解；

（4）合适成年人根据权利义务，参与法庭教育；

（5）合适成年人在庭审结束后，要如实填写《合适成年人参与刑事诉讼情况表》。

5．“上海模式”合适成年人制度取得了怎么样的实践效果？

合适成年人制度在上海的试点，得到了广泛的肯定和认同。“上海模式”以其广泛性、全程性、规范性得到了广泛的好评。合适成年人参与制度正在发展成为上海市未成年人刑事诉讼中的一个必经程序。上海模式的成效主要体现在：

（1）彰显了对未成年犯罪嫌疑人的深切关怀，缓解了他们在讯问过程中的紧张情绪，帮助他们重获信心；

（2）合适成年人的积极参与，能帮助讯问人员及时查清案件事实，减少对未成年犯罪嫌疑人因羁押带来的司法伤害；

（3）弥补了监护人不能及时到场的空缺，特别是对外来未成年犯罪嫌疑人实现了平等保护。

（五）合适成年人制度的厦门“同安模式”

1. 厦门市同安区合适成年人制度有哪些创新？

同安区对合适成年人作了更为细致的规定，具有移植英国合适成年人参与制度的特点。同安模式本着“边试行、边探索、边推进”的思路，制定了《合适成年人制度实施细则》，细化了合适成年人各项规定。该细则明确了可以担任合适成年人的人员包括：

（1）父母、监护人、近亲属；

（2）老师或学校工作人员；

（3）本院聘请的人民监督员；

（4）共青团干部、居委会、村委会工作人员及其他合适在场的人员。

不得担任合适成年人的人员范围：

（1）被执行刑罚的人；

（2）与案件有利害关系的人；

（3）无民事行为能力人或限制行为能力人；

（4）其他不宜担任合适成年人的人。

对于合适成年人的介入方式，采用电话、书面通知等方式，以书面方式通知的，要求填写《合适成年人出场通知书》。

此外，《合适成年人制度实施细则》的独树一帜之处是设计了合适成年人责任追究方式。该细则指出了两种追究方式：一是，合适成年人出现违反细则的违法行为，讯问人员应当及时纠正，情节严重的，向检察长报告。二是，对于合适成年人履行职责时违反法律义务，依法追究其法律责任；对于构成犯罪的，要追究其刑事责任。细则把合适成年人到场规定为一种强制性方式。在讯问过程中，如果没有合适成年人到场，该讯问被推定为非法讯问或合适成年人指出存在不法讯问，经查证属实，所取得的口供均不能被作为证据采纳。

同安区试点中，为了确保合适成年人参与制度的实施，还从考核制度上予以保障：办案人员讯问未成年犯罪嫌疑人时，如果合适成年人一次没有到场，从当月的量化考核中扣除一分；多次没有到场的累积扣分；超过三次没有到场，年终考核不得评为优秀；次数超过五次以上，年终考核视为不合格；情节严重的，给予纪律处分。

2. “同安模式”达到了怎样的实践效果？

“同安模式”的合适成年人参与制度效果显著，体现在以下几点：第一，通过了解未成年犯罪嫌疑人的个人情况，有利于全面保护其合法权益；第二，合适成年人在讯问人员与未成年犯罪嫌疑人之间起到了桥梁作用，提高了诉讼效率，有效地防止了讯问人员的不法、不当行为；第三，通过公众参与，有效带动预防未成年人犯罪的综合治理工程。推动了福建省未成年人检察制度，对少年司法制度的发展起到了积极的示范作用。同安区人民检察院应邀在“第二次中欧少年司法制度——合适成年人参与制度研讨会”、“合适成年人参与未成年人刑事诉讼的理论与实践”等国际研讨会上进行主题交流。2008 年 11 月，同安区人民检察院正式成立了未成年人检察工作领导小组及未成年人检察室，由专人办理未成年人案件，这对这一制度的实施有进步意义。

（六）合适成年人制度的“深圳模式”

1. 在合适成年人制度领域，深圳市进行了哪些探索？

为切实维护和保障涉罪未成年人的合法权益，落实法定代理人参与未成年人案件刑事诉讼的法律规定，深圳市中级人民法院联合深圳市检察院、深圳市公安局和深圳市司法局制定了《广东省深圳市合适成年人参与刑事诉讼暂行规定》。要求符合一定条件的成年代表参与诉讼，代为行使法定代理人的部分权利，履行对未成年人的沟通、抚慰、教育职责。

2. 深圳合适成年人的选用范围是什么?

按照《广东省深圳市合适成年人参与刑事诉讼暂行规定》，合适成年人的选用范围，既可由深圳市司法局、共青团、妇联、关心下一代工作委员会、义工联等国家机关社会机构、团体推荐产生，也可由热心公益社会人士自愿参与。此举，一方面是为了广泛联合社会各界的力量，确保合适成年人制度的切实执行，另一方面可通过社会各界的参与，扩大涉罪未成年人合法权益保护的宣传范围和力度，进一步凝聚社会共识，为涉罪未成年人的权益保护与随后他们平等重返社会、融入社会营造更宽松的社会环境。

3. 在深圳，合适成年人享有哪些权利?

根据《广东省深圳市合适成年人参与刑事诉讼暂行规定》，合适成年人可以向办案机关了解案件情况；在庭审前和休庭时有权与涉罪未成年人面谈，了解其健康状况、权利义务知晓情况、合法权益有无受到侵害等，且在征得涉罪未成年人同意的情况下，有权提出上诉；同时规定了获取的未成年人信息必须保密等义务。

四、合适成年人制度确立的重要意义

1. 合适成年人制度确立有哪些意义?

合适成年人制度的确立具有以下几个重要意义：第一，能够更好地保障未成年人合法权益。第二，能够实现犯罪控制模式向正当程序模式转变。第三，能够促进我国少年司法制度的完善。第四，有利于贯彻落实联合国少年司法准则。

2. 如何理解合适成年人制度的确立是维护未成年人合法权益的需要?

未成年人作为公民群体中典型的弱势群体和特殊群体，除了享有法律所赋予一般公民的所有合法权利外，联合国《儿童权利公约》等国际公约以及我国《宪法》、《未成年人保护法》等国内法还赋予了他们一些特殊的权利，如参与权、受保护权。2004

年，第十届全国人大二次会议通过的《宪法修正案》将《宪法》第33条增加一款："国家尊重和保障人权。"由于未成年人群体独有的特殊性，因此，国际社会把未成年人的权益保障水平作为衡量一国人权保护水平的重要标志。

纵使人权保障被提升到宪法层面，但由于配套制度不到位，加上侦查机关权力过大，未成年人的合法权益很容易受到侵犯。在我国，警察拥有独立的对未成年人刑事拘留、行政拘留、报送劳教和强制戒毒的权力。警方对未成年犯罪嫌疑人的所有讯问，除聋、哑人和特殊情况外，基本上没有专门的、固定的、有独立身份、与案件无关的青少年权益保护组织的成年人参与。① 在这种情况下，未成年人的合法权益最容易受到侵犯，因此，在侦查阶段对未成年人的保护是最为有效和及时的。针对在侦查程序中对未成年人权益保护不足的问题，合适成年人参与制度的建立将有利于解决这一难题。基于未成年人特殊的身心特点构建的合适成年人参与制度有利于保障未成年人在诉讼程序中得到公正对待，既符合联合国《儿童权利公约》等国际公约对未成年人保护的要求，也符合我国《宪法》、《未成年人保护法》等法律对未成年人保护的精神。

同时，合适成年人在场，可以有效防范违法侵权行为的发生，保护未成年人人格尊严、诉讼权利不受侵犯，给未成年人提供心理或精神上的依靠，使其能够正确进行诉讼行为，保证未成年人能够得到公正的对待。

3. 犯罪控制模式的内容是什么?

犯罪控制模式注重打击犯罪，但是并不注重如何认定犯罪，因此这种刑事司法模式对未成年犯罪嫌疑人的保护具有很大的缺陷。

4. 正当程序模式关注的是什么?

正当程序模式，主要关注的是诉讼程序是否正当，如果诉讼

---

① 顾娟：《合适成年人参与制度研究》，华东政法大学硕士学位论文，2008年。

程序不正当那么就是不合法的，侦查机关的任何做法都要符合正当程序，然后才会考虑如何认定犯罪的问题。

5. 如何理解合适成年人制度的确立实现了犯罪控制模式向正当程序模式转变的需要？

在侦查程序中，警察拥有国家授予的强大权力，他们受过专业训练，有丰富的生活经验，但是未成年犯罪嫌疑人由于心智的不成熟、生活经验的缺乏等因素，在被讯问时很容易处于高度紧张、恐惧中，没有任何抵抗能力。如果侦查机关滥用权力，未成年人很难维护自己的合法权益。现代刑事诉讼通过实现程序正义来保证实体正义，合适成年人参与制度就是以程序公正确保司法实体公正。合适成年人参与制度平衡了侦查机关与未成年犯罪嫌疑人之间的力量对比，能够全面保护未成年人的合法权益。此项制度对侦查机关来说也有如下好处：第一，可以使侦查机关不随意滥用权力，使被讯问的未成年犯罪嫌疑人不受凌辱。第二，使侦查机关的讯问更加专业化。第三，既保护了未成年犯罪嫌疑人，同时也保护了侦查机关自己。第四，提高了侦查机关收集的证据质量和证据的证据力。①

6. 如何理解合适成年人制度的确立是完善我国少年司法制度的需要？

我国的少年司法制度始于 1984 年上海长宁区建立的少年法庭，经过 20 多年的实践探索，取得了很快的发展。近年来，我国未成年人犯罪形势依然严峻，关于少年司法理念缺乏探讨，构建适合国情的少年司法模式也暴露出不少问题。触法的未成年人与成年人犯罪不同，他们的心智不成熟决定了其行为的特殊性。但是在我国这个成人主导的社会，对未成年人的福利制度较弱。例如，犯罪的未成年人往往缺失家庭监护、受社区不良环境的影

---

① 林志强：《合适成年人参与制度的实践探索和完善进言》，载《青少年犯罪问题》，2007 年第 2 期。

响、教育不当，实践中对他们采用非监禁刑、非羁押措施的适用率低。国外秉承的少年司法理念是："国家应该将少年违法者从成年罪犯中区分出来，社会永远都应该将少年违法者作为一个孩子来对待，而不是作为一个罪犯来对待，使他们复归社会是最为重要的目标，而不是惩罚他们。"① 反观我国的少年司法，对未成年人犯罪的处罚仍未脱离成年人犯罪的处罚模式，给未成年人贴上犯罪的标签，与我们倡导的和谐司法、能动司法相悖，甚至诱发他们重新犯罪。正如社会建构论强调，通过外界的引导与鼓励，人是可以改变身心，走上向善的建构。② 给予未成年人更多的人文关怀，帮助他们重塑积极的心理，引导他们走上新的人生道路，正是完善我国少年司法制度的需求。

实践中要预防涉罪未成年人重新犯罪，做好对他们的教育、矫正工作。在审理未成年人犯罪案件中营造和谐的诉讼氛围，需要社会各方力量的积极参与和配合。在我国推广合适成年人参与制度，是对未成年犯罪嫌疑人权利特殊保护的积极需求。合适成年人全程参与帮教，培养专业的合适成年人服务队伍，结合学校、家庭、社区的各方支持，使失足的未成年人重获信心，平衡未成年犯罪嫌疑人与司法机关的对抗，使保护未成年人合法权益取得实效。少年司法与合适成年人的契合并不仅仅体现在理念上，还鲜明地体现于科学的工作模式之上。合适成年人参与制度从立法的层面讲，为少年司法制度的改革提供了新思路；从执法的层面来看，合适成年人参与制度以其人性化的理念，使得少年司法制度僵硬化的操作方式变得更加柔和。倡导教育刑理念的少年司法，是一种矫正模式，要达到矫正未成年犯罪人的效果，需要对每一个未成年犯罪人的特殊性予以充分关注。总之，合适成

① 任宗理、张玲南：《域外少年审判制度之借鉴与启示》，载《青少年犯罪问题》，2007 年第 5 期，第 51 ~ 56 页。

② 刘立霞、郝小云：《论未成年人刑事案件中的合适成年人制度》，载《法学杂志》，2011 年第 4 期，第 83 ~ 84 页。

年人参与制度为我国少年司法改革指引了新方向。

7. 如何理解合适成年人制度的确立是落实联合国少年司法准则的需要？

联合国《儿童权利公约》第3条规定："有关儿童的一切行为，不论是由公私社会福利机构、法院、行政当局或立法机构执行，均应以儿童的最大利益为一种首要考虑。"这是国际公约中对"儿童最大利益原则"的经典法律表述。合适成年人参与制度通过追求正当程序来保证儿童最大利益的实现。《儿童权利公约》第37条规定，"所有被剥夺自由的儿童应受到人道待遇，其人格固有尊严应受到尊重，并应考虑到他们这个年龄的人的需要的方式加以对待"，"所有被剥夺自由的儿童均有权迅速获得法律及其他适当援助"。合适成年人参与制度正是通过对未成年犯罪嫌疑人提供及时有效的帮助，以维护他们的合法权益。联合国《少年司法最低限度标准规则》（《北京规则》）第7.1条规定："在诉讼的各个阶段，应保证基本程序方面的保障措施，诸如假定无罪指控罪状通知本人的权利、保持沉默的权利、请律师的权利、要求父亲或母亲或监护人在场的权利、与证人对质的权利和向上级机关上诉的权利。"

国际条约的以上规定均以保护未成年人的权利、促进未成年人的幸福、预防和减少未成年人的违法犯罪、减少司法适用为宗旨，是指导各国关于少年的教育和对违法犯罪少年的处置的基本原则性内容。合适成年人参与制度，符合这些公约的精神之要求，有利于确保罪错未成年人的诉讼权利和程序公正，尽可能避免不利于罪错未成年人融入社会的结果的出现。[1]

---

① 徐美君：《警察讯问和羁押期间未成年人待遇状况调查报告》，载《青少年犯罪问题》，2004年第1期。

第二章 合适成年人工作的法律基础

一、合适成年人工作的法律依据

1.《少年司法最低限度标准规则》和《儿童权利公约》是如何规定合适成年人制度的?

联合国于1985年制定通过的《少年司法最低限度标准规则》第7.1条规定:"在诉讼的各个阶段,应保证基本程序方面的保障措施,诸如假定无罪指控罪状通知本人的权利、保持沉默的权利、请律师的权利、要求父亲或母亲或监护人在场的权利、与证人对质的权利和向上级机关上诉的权利。"该规则第15.2条规定:"父母或监护人应有权参加诉讼,主管当局可以要求他们为了少年的利益参加诉讼。但是如果有理由认为,为了保护少年的利益必须排除他们参加诉讼,则主管当局可以拒绝他们参加。"该条的"说明"进一步阐释,"规则15.2中所述的父母或监护人参加的权利应被视为是对少年一般的心理和感情上的援助,在整个程序过程中都是如此","主管当局在对案件寻求适当处理时可能特别会从少年的法律代表(或少年可以而且真正信任的某个其他个人助理)的合作中获益"。

联合国于1989年制定通过的《儿童权利公约》第37条规定,"所有被剥夺自由的儿童应受到人道待遇,其人格固有尊严应受尊重,并应考虑到他们这个年龄的人的需要的方式加以对待","所有被剥夺自由的儿童均有权迅速获得法律及其他适当援助"。该公约第40条规定,"所有被指称或指控触犯刑法的儿童至少应得到下列保证：……（三）要求独立公正的主管当局或司法机构在其得到法律或其他适当协助的情况下，通过依法公正审理迅速作出判决，并且须有其父母或法定监护人在场，除非认为这样做不符合儿童的最大利益，特别要考虑到其年龄或状况……”该条确立了“儿童最大利益原则”，为世界各国提供了建立合适成年人制度的国际法律依据。

2. 1995 年公安部发布的《公安机关办理未成年违法犯罪案件的规定》对合适成年人制度进行了怎样的规定？

该规定第 11 条规定：“讯问违法犯罪的未成年人时，根据调查案件的需要，除有碍侦查或者无法通知的情形外，应当通知其家长或者监护人或者教师到场。”

3. 1996 年旧《刑事诉讼法》是如何规定合适成年人制度的？

旧《刑事诉讼法》第 14 条第 2 款规定：“对于不满十八岁的未成年人犯罪的案件，在讯问和审判时，可以通知犯罪嫌疑人、被告人的法定代理人到场。”

4. 1998 年的《公安机关办理刑事案件程序规定》是如何规定合适成年人制度的？

该规定第 182 条规定，“讯问未成年的犯罪嫌疑人，应当针对未成年人的身心特点，采取不同于成年人的方式；除有碍侦查或者无法通知的情形外，应当通知其家长、监护人或者教师到场”。

5. 2001 年最高人民法院颁布的《关于审理未成年人刑事案件的若干规定》是如何规定合适成年人制度的？

该规定第 19 条规定，“开庭审理前，应当通知未成年被告人的法定代理人出庭。法定代理人无法出庭或者确实不宜出庭的，应另行通知其他监护人或者其他成年近亲属出庭”。

6. 2002 年《公安机关办理劳动教养案件规定》是如何规范合适成年人工作的？

该规定第 17 条规定，“县级公安机关法制部门审核劳动教养案件，应当讯问违法犯罪嫌疑人，对其主要违法犯罪事实和证据进行复核。讯问未成年犯罪嫌疑人，除有碍调查或者无法通知的情形外，应当通知其父母或者其他监护人、教师到场”。

7. 2006 年最高人民检察院《人民检察院办理未成年刑事案件的规定》是如何规范合适成年人制度的？

该规定第 10 条规定，“讯问未成年犯罪嫌疑人，应当通知法定代理人到场，告知法定代理人依法享有的诉讼权利和应当履行的义务”。

8. 2010 年 8 月中央六部委[①]联合发布的《关于进一步建立和完善办理未成年人刑事案件配套体系的若干意见》是如何规定合适成年人制度的？

该意见中规定，“在未成年犯罪嫌疑人、被告人被讯问或开庭审理时，应当通知其法定代理人到场”，“法定代理人无法或不宜到场的，可以经未成年犯罪嫌疑人、被告人同意或按其意愿通知其他关系密切的亲属朋友、社会工作者、教师、律师等合适成年人到场”。该意见首次引入了“合适成年人”一词，形成了合适成年人制度的基本雏形。

9. 2012 年修订的《刑事诉讼法》是如何完善合适成年人制度的？

我国在 2012 年的《刑事诉讼法》修订中，专门增加了未成年人刑事案件诉讼程序一章。新修订的《刑事诉讼法》第 270 条规定：“对于未成年人刑事案件，在讯问和审判的时候，应当通知未成年犯罪嫌疑人、被告人的法定代理人到场。无法通知、法定代理人不能到场或者法定代理人是共犯的，也可以通知未成年犯罪嫌疑人、被告人的其他成年亲属，所在学校、单位、居住地基层组织或者未成年人保护组织的代表到场，并将有关情况记录

---

① 中共六部委为：中央综治委预防青少年违法犯罪工作领导小组、最高人民法院、最高人民检察院、公安部、司法部、共青团中央。

在案。到场的法定代理人可以代为行使未成年犯罪嫌疑人、被告人的诉讼权利。

到场的法定代理人或者其他人员认为办案人员在讯问、审判中侵犯未成年人合法权益的，可以提出意见。讯问笔录、法庭笔录应当交给到场的法定代理人或者其他人员阅读或者向他宣读。

讯问女性未成年犯罪嫌疑人，应当有女工作人员在场。

审判未成年人刑事案件，未成年被告人最后陈述后，其法定代理人可以进行补充陈述。

询问未成年被害人、证人，适用第一款、第二款、第三款的规定。”

由此，我国正式确立了“合适成年人制度”，为合适成年人工作提供了法律依据。

10. 中央六部委[①]的《关于进一步建立和完善办理未成年人刑事案件配套工作体系的若干意见》和公安部的《公安机关办理未成年违法犯罪案件的规定》等法规中也有合适成年人的相关规定，那么为什么说《刑事诉讼法》的修订是正式确立了合适成年人制度？

这里涉及法律位阶的问题，法律可分为广义的法律和狭义的法律。广义的法律是所有具有效力的法，即一切规范性文件，包括法律、行政法规、地方性法规、规章和其他规范性文件。狭义的法律仅指全国人民代表大会及其常委会制定的规范性文件，通常所说的法律是狭义的法律。《刑事诉讼法》是全国人民代表大会通过修订的，除了《宪法》，其法律的效力最高。新修订的《刑事诉讼法》从基本法的层面确立了合适成年人制度的法律定位，在法律位阶上比其他的规范性文件更高一筹，使得合适成年人在实践中更具有强制性和普适性。

---

① 中央六部委为：中央综治委预防青少年违法犯罪工作领导小组、最高人民法院、最高人民检察院、公安部、司法部、共青团中央。

二、合适成年人工作的司法流程

1. 刑事诉讼的基本程序包括哪些阶段?

根据我国《刑事诉讼法》的规定，一般的刑事案件大概经过四个阶段：侦查阶段（公安机关）、检察阶段（检察机关）、审判阶段（人民法院）、刑罚执行阶段。

2. 在哪些刑事诉讼阶段需要合适成年人工作的介入?

在侦查阶段、检察阶段、审判阶段、刑罚执行阶段这四个阶段中，涉案未成年人所参与的司法活动均需要合适成年人在场参与。

3. 什么是犯罪侦查?

公安机关对已经立案的刑事案件，应当进行侦查，收集、调取犯罪嫌疑人有罪或者无罪、罪轻或者罪重的证据材料。对现行犯或者重大嫌疑分子可以依法先行拘留，对符合逮捕条件的犯罪嫌疑人，应当依法逮捕。①

4. 什么是审查批捕?

人民检察院对于公安机关提请批准逮捕的案件进行审查后，应当根据情况分别作出批准逮捕或者不批准逮捕的决定。对于批准逮捕的决定，公安机关应当立即执行，并且将执行情况及时通知人民检察院。对于不批准逮捕的，人民检察院应当说明理由，需要补充侦查的，应当同时通知公安机关。②

5. 什么是审查起诉?

我国是实行公诉为主、自诉为辅的起诉模式。审查起诉指人民检察院在起诉阶段，为了确定经侦查终结的刑事案件是否应当提起公诉，而对侦查机关确认的犯罪事实和证据、犯罪性质和罪

---

① 参见2012年修订的《刑事诉讼法》第113条。

② 参见2012年修订的《刑事诉讼法》第88条。

名进行审查核实，并作出处理决定的一项诉讼活动[①]。凡需要提起公诉的案件，一律由人民检察院审查决定。人民检察院认为犯罪嫌疑人的犯罪事实已经查清，证据确实、充分，依法应当追究刑事责任的，应当作出起诉决定，按照审判管辖的规定，向人民法院提起公诉，并将案卷材料、证据移送人民法院。

6. 什么是刑事审判？

刑事审判是指人民法院代表国家在控辩双方和其他诉讼参与人的参加下，依照法定职权和程序，依法对被告人的刑事责任问题作出最终裁决的活动。[②] 人民法院对提起公诉的案件进行审查后，对于起诉书中有明确的指控犯罪事实的，应当决定开庭审判。[③] 未成年犯罪嫌疑人的刑事审判是指人民法院依法定程序对未成年人刑事案件进行审理并判决的一项活动。在我国，对未成年犯罪嫌疑人的审判一律不公开审理。

三、合适成年人服务对象的法律权利和义务

（一）未成年犯罪嫌疑人的诉讼权利

1. 规定未成年犯罪嫌疑人的诉讼权利和义务的法律法规有哪些？

1991年第七届全国人大常委会通过的《中华人民共和国未成年人保护法》；1999年第九届全国人大常委会通过的《中华人民共和国预防未成年人犯罪法》；2000年最高人民法院审判委员会通过的《关于审理未成年人刑事案件的若干规定》；2005年由最

---

① 叶青主编：《刑事诉讼法学（第三版）》，上海人民出版社，2013年版，第294页。

② 梁玉霞、杨胜荣编著：《中国刑事诉讼法》，暨南大学出版社，2012年版，第220页。

③ 参见2012年修订的《刑事诉讼法》第181条。

高人民法院公布的《关于审理未成年人刑事案件具体应用法律若干问题的解释》；2006年最高人民检察院通过的《人民检察院办理未成年人刑事案件的规定》；2010年中央六部委[①]发布的《关于进一步建立和完善办理未成年人刑事案件配套工作体系的若干意见》；2012年3月第十一届全国人民代表大会修订的《刑事诉讼法》；2012年最高人民法院审判委员会通过的《最高人民法院关于适用〈中华人民共和国刑事诉讼法〉的解释》。

2. 根据法律法规的规定，我国未成年犯罪嫌疑人具体有哪些权利？

犯罪嫌疑人具有下列权利：

（1）要求保护名誉权：未成年犯罪嫌疑人有要求不得将未成年人的姓名、住所、照片、图像以及可能推断出该未成年人的其他资料在新闻报道、影视节目、公开出版物、网络上公开或传播的权利，注意保护未成年人的名誉，尊重未成年人的人格尊严。

（2）使用本民族语言进行诉讼权：未成年犯罪嫌疑人不通晓当地通用的语言文字时，有权要求配备翻译人员，有用本民族的语言进行诉讼的权利。

（3）申诉控告权：未成年犯罪嫌疑人对于侦查人员、检察人员和审判人员在讯问过程中侵犯其诉讼权利和人身侮辱的行为，有权提出申诉和控告。

（4）申请回避权：未成年犯罪嫌疑人与侦查人员、检察人员、审判人员等同案件有法定利害关系或其他可能影响案件公正处理关系的，未成年犯罪嫌疑人有权申请他们回避。

（5）自行辩护权：未成年犯罪嫌疑人在接受公安机关讯问或出庭诉讼时，有要求自行辩护的权利。

（6）委托辩护人的权利：未成年犯罪嫌疑人在被侦查机关第

① 中共六部委为：中央综治委预防青少年违法犯罪工作领导小组、最高人民法院、最高人民检察院、公安部、司法部、共青团中央。

一次讯问或采取强制措施之日起，有权委托律师作为辩护人为其提供法律咨询，代理申诉、控告或为其申请取保候审。侦查阶段只能委托律师担任辩护人。未成年犯罪嫌疑人没有委托辩护人的，公安机关、人民检察院、人民法院应当通知法律援助机构指派律师担任辩护人。

（7）知悉权：未成年犯罪嫌疑人有权及时获知被指控的犯罪和理由，获知所享有的诉讼权利。

（8）申请取保候审权：被羁押的未成年犯罪嫌疑人、被告人有权申请取保候审。

（9）解除强制措施权：未成年犯罪嫌疑人对于人民法院、人民检察院、公安机关采取的强制措施超过法定期限的，有权要求解除强制措施。

（10）参与法庭调查的权利：未成年犯罪嫌疑人有权参加法庭调查，对证据和案件情况发表意见并可以互相辩论。

（11）要求饮食、休息权：未成年犯罪嫌疑人在接受传唤、拘传讯问时，有权要求饮食和必要的休息。

（12）拒绝回答的权利：未成年犯罪嫌疑人对于侦查人员的提问，与本案无关的问题，有拒绝回答的权利。不被强迫证实自己有罪。

（13）申请补充鉴定或重新的权利：未成年犯罪嫌疑人对用作证据的鉴定意见，可以申请补充鉴定或重新鉴定。

（14）核对笔录的权利：未成年犯罪嫌疑人有权对记载有遗漏或差错的讯问笔录，提出补充或纠正。

（15）要求法定代理人到场的权利：未满 18 周岁的犯罪嫌疑人，在接受讯问时有要求通知其法定代理人或合适成年人到场的权利。

（16）最后补充陈述权：审判未成年刑事案件，未成年被告人有权向法庭作最后陈述。

（17）要求女工作人员到场的权利：在讯问时，女性未成年犯罪嫌疑人有要求女工作人员到场的权利。

（18）特殊群体的权利：聋哑的未成年犯罪嫌疑人在讯问时有要求通晓聋哑手势的人参加的权利。

（19）申诉、上诉权：未成年犯罪嫌疑人不服一审判决的，有权上诉、申诉。

（20）一般情况下不被使用戒具的权利：讯问时，一般不得对未成年犯罪嫌疑人使用戒具。在法庭上，不得对其使用戒具。必须使用的，在现实危险消除后，应当立即停止使用。

（21）优先使用非羁押强制措施、尽量不予逮捕的权利：对于未成年犯罪嫌疑人、被告人应当严格限制适用逮捕措施，检察院审查批准逮捕和法院决定逮捕时，应当讯问未成年犯罪嫌疑人、被告人，听取辩护律师的意见。

（22）分别关押和分案处理的权利：对被拘留、逮捕和执行刑罚的未成年人与成年人应当分别关押、分别管理、分别教育，防止交叉感染。

（23）不公开审理的权利：审判的时候被告不满 18 周岁的案件，不公开审理。经未成年被告人及其法定代理人同意，未成年被告人所在学校和未成年人保护组织可以派代表到场。不满 18 周岁的未成年人有权要求对其案件进行不公开审理。

（24）获得附条件不起诉的权利：对于符合附条件不起诉条件的未成年犯罪嫌疑人，有权要求附条件不起诉。

（25）封存犯罪记录的权利：对于符合法律规定的可以进行犯罪记录封存的未成年犯罪嫌疑人有权要求将其犯罪记录进行封存。

（26）进行社会背景调查的权利：未成年犯罪嫌疑人、被告人有权要求相关人员对其就成长背景、犯罪原因、监护教育情况进行社会调查。

3. 法律如何规定未成年人犯罪承担刑事责任的年龄界限？

我国《刑法》中界定了未成年的犯罪年龄问题，主要有以下几种划分方法：其一，不满14周岁的未成年人对任何犯罪行为都不承担刑事责任；其二，已满14周岁不满16周岁的人只对部分严重的犯罪承担刑事责任，即故意杀人、故意伤害致人重伤或死亡、抢劫、强奸、贩卖毒品、放火、爆炸、投毒这八类行为；其三，已满16周岁的人对所有犯罪承担责任。

4. 未成年犯罪嫌疑人如何行使使用其本民族语言进行诉讼的权利?

如果诉讼参与人不通晓当地通用的语言文字，人民法院、人民检察院和公安机关有义务指定或者聘请相关翻译人员为他们翻译。各民族公民在刑事诉讼中，不论他是作为当事人还是其他诉讼参与人都有使用本民族语言文字进行诉讼的权利，如用本民族语言陈述案件事实、回答司法人员的询问或讯问，书写证人证言、鉴定结论、上诉状等诉讼文书。

5. 在哪些情形下未成年犯罪嫌疑人可以申请回避?

对于侦查人员、鉴定人、记录人、翻译人员有下列情形之一的，未成年犯罪嫌疑人有权申请他们回避：（1）是本案的当事人或者是当事人的近亲属；（2）本人或者他的近亲属和本案有利害关系；（3）担任过本案的证人、鉴定人、辩护人、诉讼代理人；（4）与本案当事人有其他关系，可能影响公正处理案件。对驳回申请回避的决定，可以申请复议一次。

6. 未成年犯罪嫌疑人在何种情况下可以行使其申诉控告权?

未成年犯罪嫌疑人及其法定代理人、辩护人，如果认为公安机关、人民检察院、人民法院及其工作人员阻碍其依法行使诉讼权利的，则有权向同级或者上一级人民检察院申诉或控告，人民检察院对申诉或控告应当及时进行审查，情况属实的，通知有关机关予以纠正。

7. 我国关于未成年犯罪嫌疑人、被告人辩护的种类和介入时间是如何规定的?

我国《刑事诉讼法》关于未成年犯罪嫌疑人、被告人的辩护有三种：(1）自行辩护，未成年犯罪嫌疑人、被告人有自行辩护的权利。(2）委托辩护，公诉案件中自被第一次讯问或采取强制措施之日起有权委托辩护人，自诉案件中未成年被告人有权随时委托辩护人。未成年犯罪嫌疑人、被告人可以自己委托，如其在押，也可以由其近亲属、监护人委托。(3）指定辩护，其中包括应当指定辩护和可以指定辩护，未成年人属于应当指定辩护的情形，即在没有辩护人的情况下，公安机关、人民检察院、人民法院应当通知法律援助机构指派律师为其辩护。

8. 委托辩护中，哪些人可以担任未成年犯罪嫌疑人的辩护人？

未成年犯罪嫌疑人、被告人除了可以自行辩护外，还可以委托一至二名辩护人，我国《刑事诉讼法》中规定主要由三类人可以被委托为辩护人：(1）律师。律师是指通过专业的考试并依照法定程序依法取得律师职业资格的人，他们具有法律方面的专业知识，积累了相当丰富的办案经验，将律师作为首选的辩护人，可以有效维护未成年犯罪嫌疑人的权益。(2）人民团体或者犯罪嫌疑人、被告人所在单位推荐的人。由于我国律师界存在不完善，如律师费用高等原因不能满足实际的需求，这时，可以由工会、妇联、共青团等群众性人民团体或犯罪嫌疑人、被告人单位推荐的具有相关专业知识、品行良好的公民参加辩护。(3）未成年犯罪嫌疑人、被告人的监护人、亲友。只要是他们的父母、亲朋好友等都可以接受委托参加辩护，当然在选择时应尊重未成年人的意愿。

9. 律师作为辩护人和其他非律师辩护人有什么不同？

律师作为辩护人和其他非律师辩护人的不同点包括以下几点：

(1）委托的时间不同：侦查阶段只能委托律师作为辩护人，其他诉讼阶段可以委托非律师作为辩护人。

(2）阅卷权：自人民检察院对案件移送审查起诉之日起，辩护律师有权查阅、摘抄、复制案卷材料，包括案件的诉讼文书和证据材料。而非律师必须经检察院或法院许可才有阅卷权。

（3）会见通信权：在侦查阶段，辩护律师即可会见通信。自案件移送审查起诉之日起，可以向犯罪嫌疑人、被告人核实有关证据。非律师须经检察院和法院许可才有会见通信权。

（4）调查取证权：辩护律师经证人或者其他有关单位和个人同意，可以向他们收集与本案有关的材料。辩护律师经人民检察院或者人民法院许可，并且经被害人或者近亲属、被害人提供的证人同意，可以向他们收集与本案有关的材料。辩护律师向证人或者有关单位、个人收集、调取与本案有关证据材料，因证人或有关单位、个人不同意，申请法院收集、调取，或申请证人出庭作证，法院认为确有必要的，应当同意。而非律师没有调查取证权。

10. 我国规定的强制措施有哪些种类?

我国《刑事诉讼法》规定的强制措施有拘传、取保候审、监视居住、拘留、逮捕。

拘传是公安机关、人民检察院、人民法院对未被羁押的犯罪嫌疑人、被告人，依法强制其到案接受讯问的一种最轻的强制措施，可由公安机关、人民检察院、人民法院决定并执行。

取保候审是指由公安机关、人民检察院、人民法院对未被逮捕的或已被逮捕但需要变更强制措施的犯罪嫌疑人、被告人，为防止其逃避侦查、审判，责令其交纳保证金或提出保证人，保证随传随到，而不予刑事羁押的一种强制措施。由公安机关、人民检察院、人民法院决定但只能由公安机关执行。

监视居住是指公安机关、人民检察院、人民法院限令犯罪嫌疑人、被告人在规定的期限内不得离开住所或指定的居所，并对其行为加以监视、限制其人身自由的一种强制措施。

拘留是指公安机关、人民检察院对现行犯或有重大嫌疑的人，遇到法定紧急情况时采取的暂时性剥夺其人身自由的强制措施。人民法院没有刑事拘留的权利。

逮捕是指公安机关、人民检察院、人民法院为了防止犯罪嫌疑人、被告人逃避侦查、起诉、审判，在一定时间内完全剥夺其人身自由的一种最严厉的强制措施。

11. 法律对各类强制措施的期限是如何规定的?

拘传、传唤持续的时间不得超过12个小时，对于案情特别重大、复杂需要采取拘留、逮捕措施的，拘传、传唤持续的时间不得超过24个小时；公检法对未成年犯罪嫌疑人、被告人取保候审最长不得超过12个月；监视居住最长不得超过6个月；在拘留后，应当立即将被拘留人送看守所羁押，至迟不得超过24个小时，公安机关对被拘留的人，应当在拘留后的24个小时以内进行讯问，发现不应当拘留的时候，必须立即释放，发给释放证明；同样，对被逮捕的人，必须在被逮捕后的24个小时内进行讯问，发现不应当逮捕时，必须立即释放。

12. 取保候审的条件是什么?

根据我国《刑事诉讼法》的规定，取保候审需要符合以下条件：(1) 可能判处管制、拘役或者独立适用附加刑的；(2) 可能判处有期徒刑以上刑罚，采取取保候审不致发生社会危险性的；(3) 患有严重疾病、生活不能自理，怀孕或者正在哺乳自己婴儿的妇女，采取取保候审不致发生社会危险性的；(4) 羁押期限届满，案件尚未办结，需要采取取保候审的。但是，对于累犯、犯罪集团的主犯，以自伤自残等办法逃避侦查、取保期间故意重新犯罪的，暴力犯罪、其他严重犯罪的，不能适用取保候审。

13. 被取保候审人需要遵守哪些义务?

被取保候审人应当遵守以下义务：(1) 未经执行机关许可不得离开所居住的县、市；(2) 地址、工作单位和联系方式发生变动的，在24个小时以内向执行机关报告；(3) 在传讯的时候及时到案；(4) 不得以任何形式干扰证人作证；(5) 不得毁灭、伪造证据或者串供。

除此之外，法律还规定了公安机关在执行取保候审时，可以要求被取保候审人遵守以下其中一项或多项选择性义务：（1）不得进入特定的场所；（2）不得与特定的人员会见或者通信；（3）不得从事特定的活动；（4）将驾照等出入境证件、驾驶证件交执行机关保存。

14. 什么是法庭调查？

法庭调查是法庭审判的核心阶段。法庭调查，指合议庭在公诉人、当事人和其他诉讼参与人的参加下，听取控辩双方的举证、质证，当庭审查、核实证据，认定案件事实①。

15. 未成年犯罪嫌疑人是否有沉默权？

虽然我国没有规定沉默权，但是我国《刑事诉讼法》中规定了犯罪嫌疑人对侦查人员的提问，应当如实回答。但是对与本案无关的问题，有拒绝回答的权利。由此，我们可以得知如下几点：首先，犯罪嫌疑人对于侦查人员的提问必须如实回答。其次，犯罪嫌疑人的如实回答是指在侦查人员提问后，应就提出的问题作出实事求是的回答，不得拒绝回答或是沉默，也不得作虚假陈述。最后，拒绝回答权是以与案件无关的问题为前提的。

16. 什么是鉴定意见？

鉴定意见是由具有专门知识的鉴定人对案件中的专门问题进行专业鉴定后提出的书面意见，鉴定意见必须由具有鉴定资格的人作出，鉴定机关可以是公安机关下设的或是专门的鉴定机关，主要包括法医鉴定、指纹鉴定、精神鉴定、现场痕迹（如血迹）、脚印鉴定等。如果未成年犯罪嫌疑人、被告人及其法定代理人对鉴定意见有异议，如认为鉴定人或鉴定机构不具备合法资质、鉴定程序不符合法定要求、鉴定意见存在真实性问题等，则可以要求重新鉴定或补充鉴定。

---

① 叶青主编：《刑事诉讼法学（第三版）》，上海人民出版社，2013 年版，第 373 页。

17. 什么是上诉？

上诉是指自诉人、被告人及其法定代理人，以及经被告人同意的辩护人和近亲属，附带民事诉讼的当事人及其法定代理人不服第一审未生效的判决、裁定，依照法定程序和期限，要求上一级人民法院对案件进行重新审判的诉讼行为。未成年被告人及其法定代理人如果不服一审人民法院的判决、裁定，则有权上诉，对其上诉权，不得以任何借口加以剥夺。

18. 如何严格限制适用逮捕措施？

我国最高检《人民检察院刑事诉讼规则（试行）》规定，人民检察院办理未成年犯罪嫌疑人审查逮捕案件，应当根据未成年犯罪嫌疑人涉嫌犯罪的事实、主观恶性、有无监护与社会帮教条件等，综合衡量其社会危险性，严格限制适用逮捕措施。

19. 法律对未成年人分案处理是如何规定的？

在未成年人与成年人共同犯罪的案件中，一般应当分案起诉和审判；情况特殊不宜分案办理的案件，对未成年人应当采取适当的保护措施。我国《最高人民法院关于适用〈中华人民共和国刑事诉讼法〉的解释》规定，在共同犯罪中要分案处理，即对分案起诉至同一人民法院的未成年人与成年人共同犯罪案件，可以由同一个审判组织审理；不宜由同一个审判组织审理的，可以分别由少年法庭、刑事审判庭审理。未成年人与成年人共同犯罪案件，由不同人民法院或者不同审判组织分别审理的，有关人民法院或者审判组织应当互相了解共同犯罪被告人的审判情况，注意全案的量刑平衡。

20. 如何理解未成年人案件不公开审理？

我国《刑事诉讼法》第 274 条规定，审判的时候被告人不满 18 周岁的案件，不公开审理。但是，经未成年被告人及其法定代理人同意，未成年被告人所在学校和未成年人保护组织可以派代表到场。对未成年人犯罪案件不公开审理，其主要原因有两点：其一，保证审判活动顺利进行。未成年人身心发育尚未成熟，如果公开审理未成年人犯罪案件，面对陌生、众多的旁听群众，未成年人会产生较大的心理压力，因而出现一些异常行为，从而不利于审判工作的顺利进行。其二，维护未成年人的自尊心和名誉，为其改过自新创造条件。未成年人自尊心较强，公开审理将其暴露在大庭广众之下，容易产生自暴自弃的心理，失去重新做人的信心。最后，经未成年被告人及其法定代理人同意，未成年被告人所在学校和未成年人保护组织可以派代表到场，有利于舒缓未成年人的紧张心理，保护未成年人的利益。

21. 什么是未成年人附条件不起诉制度？

我国新修订的《刑事诉讼法》专设未成年人刑事案件诉讼程序一章，旨在扩大对未成年人保护的范围，其中新增了对未成年人的附条件不起诉制度。附条件不起诉是指检察机关对未成年人涉嫌侵犯公民人身权利、民主权利罪、侵犯财产罪、妨害社会管理罪，可能判处一年有期徒刑以下的刑罚，符合起诉条件，但有悔罪表现，认为暂时不起诉更为合适，可以附加一定条件和期限暂不起诉，在考验期满后根据未成年人的表现情况来决定是否提起公诉的制度。附条件不起诉的考验期限为 6 个月以上一年以下，如果未成年人在考验期内遵守相关规定，则考验期满检察机关将作出不起诉的决定，反之则撤销附条件不起诉的决定，提起公诉。人民检察院在作出附条件不起诉的决定以前，应当听取公安机关、被害人意见、未成年犯罪嫌疑人及其法定代理人、辩护人的意见，如果未成年犯罪嫌疑人及其法定代理人对人民检察院决定附条件不起诉有异议的，人民检察院应当作出起诉的决定。附条件不起诉制度有利于人民法院减少审判负担，提高诉讼效率，节省诉讼资源，最重要的是有利于未成年人回归社会。

22. 什么是未成年人犯罪记录封存制度？

未成年人犯罪记录封存制度，是指有关机关对犯罪的时候不满 18 周岁，被判处 5 年有期徒刑以下刑罚的未成年犯罪人的犯罪记录予以密封保存，除了司法机关办案需要或有关单位依国家规定进行查询外，不得向任何单位和个人提供，查询单位也必须对被封存的犯罪记录予以保密。司法机关或者有关单位向人民法院申请查询封存的犯罪记录时，应当提供查询的理由和依据。对查询申请，人民法院应当及时作出是否同意的决定。这一制度有利于消除犯罪记录对未成年人在学习、生活以及以后的工作求职时造成的负面影响。

23. 什么是未成年人刑事案件中的社会调查制度？

我国新修订的《刑事诉讼法》规定，公安机关、人民检察院、人民法院在办理未成年人刑事案件，根据情况可以对未成年犯罪嫌疑人、被告人的成长经历、犯罪原因、监护教育等情况进行调查。司法机关进行社会调查要对有关未成年犯罪嫌疑人、被告人的信息做全面、透彻的调查，使司法机关在处理案件上能采取更加合理的方案，在最大程度上有效地帮助和教育未成年人。

（二）未成年犯罪嫌疑人的诉讼义务

1. 我国未成年犯罪嫌疑人具体有哪些诉讼义务？

我国未成年犯罪嫌疑人的诉讼义务包括以下几点：

（1）对于侦查人员的提问，应当如实回答。

（2）依法接受拘传、取保候审、监视居住、拘留、逮捕等强制措施和人身检查、搜查、扣押、鉴定等侦查措施。

（3）公安机关送达的各种法律文书经确认无误后，应当签名、捺指印。

（三）未成年被害人的权利与义务

1. 未成年被害人的权利有哪些？

未成年被害人与未成年犯罪嫌疑人有相同的诉讼权利，具体是要求保护名誉权、使用本民族语言权、申诉控告权、申请补充鉴定或重新鉴定的权利、核对笔录的权利、要求法定代理人到场的权利，除此之外，未成年被害人还有以下权利：

（1）未成年被害人由于被告人的犯罪行为而遭受物质损失的，在刑事诉讼过程中，有权提出附带民事诉讼。

（2）未成年被害人对侵犯其人身、财产权利的犯罪事实或者犯罪嫌疑人，有权向公安机关、人民检察院或人民法院报案或控告。

（3）公安机关对未成年被害人的报案作出不予立案决定的，被害人如果不服，可以申请复议。未成年被害人认为公安机关对应当立案侦查而不立案侦查的，有权向人民检察院提出。未成年被害人对人民检察院作出的不起诉决定不服时，有权向人民检察院提起申诉。

（4）未成年被害人有权自行书写被害人陈述。

（5）公诉案件的未成年被害人及其法定代理人或近亲属，自案件移送审查起诉之日起，有权委托诉讼代理人。

（6）被害人如果认为因在诉讼中作证，本人或者近亲属的人身安全面临危险的，可以向人民法院、人民检察院、公安机关请求予以保护。

2. 未成年被害人的义务有哪些?

未成年被害人的义务包括以下两点：

（1）应当如实供述所遭受侵害的事实，不得捏造事实、伪造证据或者故意夸大事实、诬陷他人，否则负相关法律责任。

（2）遵守法庭秩序，听从审判长的指挥。

3. 什么是刑事附带民事诉讼?

刑事附带民事诉讼是指公安机关、人民检察院、人民法院在刑事诉讼过程中，除了依法追究被告人的刑事责任外，如果被害人遭受物质损失，则附带解决被告人犯罪行为所造成损失的赔偿问题的一种诉讼活动。刑事附带民事诉讼成立条件有四个：（1）必须以刑事诉讼成立为前提；（2）必须是犯罪行为给被害人造成了物质损失；（3）必须符合提起民事诉讼的有效要件；（4）必须是在刑事诉讼过程中即从刑事案件立案开始到案件结束之前的任何阶段。

4. 未成年被害人遭受哪些物质损失可以提起附带民事诉讼？

最高人民法院《关于刑事附带民事诉讼范围问题的规定》中明确规定："因人身权利受到犯罪侵犯而遭受物质损失或者财物被犯罪分子毁坏而遭受物质损失的，可以提起附带民事诉讼。对于被害人遭受精神损失而提起附带民事诉讼的，人民法院不予受理。""对于被害人因犯罪行为遭受的物质损失是指被害人因犯罪行为已经遭受的实际损失和必然损失。"实际损失是被告人的犯罪行为已经给被害人造成的损失，如说盗窃案中已被窃取的财物，伤害案件中被害人所支付的医疗费、住院费等；必然遭受的损失是被告人的犯罪行为在将来必然会给被害人造成物质损失，如伤害案件中被害人须继续支付的后续医疗费用等，但并不包括今后可能得到的或通过努力才能争取到的物质损失，如可能获得的加班费、耽误了签订合同遭受的损失等。除此之外，被害人所遭受的物质损失必须是由被告人的犯罪行为直接造成的，如果是由被害人自己过错或他人造成，则不能向被告人提起附带民事诉讼。如果被害人死亡或丧失行为能力，则由被害人的法定代理人、近亲属提起附带民事诉讼。

对于被害人所遭受的精神损失，2002年最高人民法院《关于人民法院是否受理刑事案件被害人提起的精神损害赔偿民事诉讼问题的答复》中也规定，"对于刑事案件被害人由于被告人的犯罪行为而遭受精神损失提起的附带民事诉讼，或者在刑事案件审结后，被害人另行提起的精神损害赔偿民事诉讼的，人民法院不予受理。"

5. 未成年被害人报案、控告，公安机关不予立案或人民检察院不予起诉时，如何申请复议或申诉？

任何单位和个人发现有犯罪事实或犯罪嫌疑人，都有权利也有义务向司法机关报案或举报。当然，未成年被害人也不例外，未成年被害人对侵犯其人身、财产权利的犯罪事实或者犯罪嫌疑人，有权向司法机关报案或控告。公检法工作人员对于报案、控告和举报的材料，都应当按管辖范围迅速进行审查，如果认为没有犯罪事实或犯罪事实显著轻微，依法不需要追究刑事责任的，依法作出不予立案决定。控告人不服，可以向原决定机关申请复议，要求重新审核。

人民检察院对公安机关立案监督，人民检察院认为公安机关应当立案侦查的案件不立案的或者被害人认为公安机关对应当立案侦查的案件而不立案侦查，人民检察院应当要求公安机关说明不立案的理由，人民检察院认为公安机关不立案理由不能成立的，应当通知公安机关立案，公安机关接到通知应当立案。对于被害人有证据证明被告人侵犯自己人身、财产权利的行为应当依法追究刑事责任，而公安机关或人民检察院不予追究被告人刑事责任的案件，被害人也可以直接向人民法院起诉，由人民法院决定是否立案。

此外，根据我国《刑事诉讼法》的规定，对于有被害人的案件，决定不起诉的人民检察院应当将不起诉决定书送达被害人，被害人如果不服，可以自收到决定书后 7 日内向上一级人民检察院申诉，请求提起公诉。人民检察院应当将复查决定告知被害人。对人民检察院维持不起诉决定的，被害人可以向人民法院起诉。被害人也可以不经申诉直接向人民法院起诉。

6. 法律如何规定未成年被害人的诉讼代理权？

我国《刑事诉讼法》规定，公诉案件的被害人及其法定代理人或者近亲属，自案件移送审查起诉之日起，有权委托诉讼代理人。同时，为了保障被害人能知悉和运用此项权利还规定，人民检察院自收到移送审查起诉的案件材料之日起 3 日以内，应当告知被害人及其法定代理人、近亲属有权委托诉讼代理人。在刑事诉讼中，委托诉讼代理人的范围和委托辩护人的范围相同。

关于诉讼代理人在刑事诉讼中的地位，诉讼代理人是以被代理人的名义参加诉讼，而不是以自己的名义参加诉讼。诉讼代理人必须在被代理人的授权范围内进行诉讼，超过授权范围内进行的诉讼活动，除非经被代理人追认，否则所产生的法律后果被代理人不予承担。代理人必须根据被代理人的意志，为维护其合法权益进行诉讼。

（四）未成年证人的权利与义务

1. 未成年证人的权利有哪些？

未成年证人与未成年犯罪嫌疑人有相同的诉讼权利，具体是要求保护名誉权、使用本民族语言权、申诉控告权、申请补充鉴定或重新的权利、核对笔录的权利、要求法定代理人到场的权利，除此之外，未成年证人还有以下权利：

（1）证人如果认为因在诉讼中作证，本人或者近亲属的人身安全面临危险的，可以向人民法院、人民检察院、公安机关请求予以保护。

（2）证人有权自行书写亲笔证词。

（3）证人因履行作证义务而支出的交通、住宿、就餐等费用，有权要求给予补助。

2. 未成年证人的义务有哪些？

未成年证人的义务包括以下两点：

（1）知道案件情况的，有作证的义务。

（2）应当如实地提供证据、证言，有意作伪证或隐匿罪证应负相应的法律责任。

3. 法律如何规定未成年被害人、证人作证可能面临危险的请求保护权？

我国新修订的《刑事诉讼法》增加了对证人、鉴定人、被害人因在诉讼中作证，本人或者近亲属的人身安全面临危险时，可以向人民法院、人民检察院、公安机关请求予以保护的规定，此规定同样适用于未成年人。具体而言，涉及危害国家安全犯罪、恐怖活动犯罪、黑社会性质的组织犯罪、毒品犯罪等案件时才有请求保护权，这些案件往往性质恶劣，社会危害性大，犯罪人较残忍。对于指控他们的人往往心存报复之心，使得证人、鉴定人、被害人出于恐惧或恐于受威胁不敢作证。因此，为了提高证人、鉴定人、被害人的出庭作证率，而又不浪费司法资源，法律专门规定这几种案件的特殊情况来保护出庭作证人的人身、财产的合法权益，从而有利于案件的侦破。

我国新修订的《刑事诉讼法》中列举了对证人、鉴定人、被害人具体的保护措施，即人民法院、人民检察院、公安机关应当采取以下一项或多项保护措施：

（1）不公开真实姓名、住址和工作单位等个人信息；

（2）采取不暴露外貌、真实声音等出庭作证措施；

（3）禁止特定的人员接触证人、鉴定人、被害人及其近亲属；

（4）对人身和住宅采取专门性保护措施；

（5）其他必要的保护措施；

4. 如何理解未成年证人的作证义务?

我国《刑事诉讼法》第60条规定，凡是知道案件情况的人，都有作证的义务。这条规定表明在我国未成年人是作证的合法主体，不因年龄有别于成年人。只要“知道案件情况”，了解案情，就具备了证人资格。但并非所有的未成年人都可以作证人，我国法律规定，生理上、精神上有缺陷或者年幼、不能辨别是非、不能正确表达的人，不能作证人。该条款规定了我国对证人作证的审查标准，尤其是未成年人成为证人的标准必须是“能够辨别是非、正确表达”。

5. 如何理解未成年证人证言的证明力?

关于未成年证人的证明力问题，我国在司法实践、司法解释以及相关规定中都规定未成年证人的证言必须补强。2013年1月起实行的《最高人民法院关于适用〈中华人民共和国刑事诉讼法〉的解释》第109条规定，下列证据应当慎重使用，有其他证据印证的，可以采信：（一）生理上、精神上有缺陷，对案件事实的认知和表达存在一定的困难，但尚未丧失正确认知的、表达能力的被害人、证人和被告人所作的陈述和供述。由于未成年证人的心智发展不成熟，在法庭上或私下里作证会感到有压力以致紧张恐惧不能正确表达自己的亲眼所见，再加上儿童对事物的记忆时间较短，容易遗忘，不能达到很好的作证效果，因此，“孤证不能定案”，必须有其他具有证明能力的补强证据来加以补强，各证据之间相互印证，使法官能够确信未成年证人的证言。

6. 法律规定如何给予证人因履行作证义务而支出的必要费用的补助？

我国新修订的《刑事诉讼法》规定，证人因履行作证义务而支出的交通、住宿、就餐等费用，应当给予补助。证人作证的补助列入司法机关业务经费，由同级政府财政予以保障。

四、合适成年人工作需要重点了解的相关法律问题

1. 什么是对未成年犯罪嫌疑人、被告人的讯问？

未成年犯罪嫌疑人、被告人的讯问是指侦查人员按照法定程序，针对犯罪案件的事实，对有犯罪嫌疑的未成年人进行审讯的侦查活动。

2. 什么是询问未成年被害人、证人？

询问未成年被害人、证人是指侦查人员依照法定程序以言词方式向未成年被害人、证人调查了解案件情况的一种侦查行为。询问未成年被害人、证人也必须要有合适成年人在场。

3. 关于讯问未成年犯罪嫌疑人的主体和讯问地点有什么规定？

我国《刑事诉讼法》第116条规定，讯问犯罪嫌疑人必须由

人民检察院或者公安机关的侦查人员负责进行。讯问的时候，侦查人员不得少于二人。犯罪嫌疑人被送交看守所羁押以后，侦查人员对其进行讯问，应当在看守所内进行。

4. 关于传唤未成年犯罪嫌疑人有什么规定？

我国《刑事诉讼法》第117条规定，对不需要逮捕、拘留的犯罪嫌疑人，可以传唤到犯罪嫌疑人所在市、县内的指定地点或者到他的住处进行讯问，但是应当出示人民检察院或者公安机关的证明文件。对在现场发现的犯罪嫌疑人，经出示工作证件，可以口头传唤，但应当在讯问笔录中注明。

传唤、拘传持续的时间不得超过12小时；案情特别重大、复杂，需要采取拘留、逮捕措施的，传唤、拘传持续的时间不得超过24小时。

不得以连续传唤、拘传的形式变相拘禁犯罪嫌疑人。传唤、拘传犯罪嫌疑人，应当保证犯罪嫌疑人的饮食和必要的休息时间。

5. 关于讯问未成年犯罪嫌疑人的内容有什么规定？

我国《刑事诉讼法》第118条规定，侦查人员在讯问犯罪嫌疑人的时候，应当首先讯问犯罪嫌疑人是否有犯罪行为，让他陈述有罪的情节或者无罪的辩解，然后向他提出问题。犯罪嫌疑人对侦查人员的提问，应当如实回答。但是对与本案无关的问题，有拒绝回答的权利。

侦查人员在讯问犯罪嫌疑人的时候，应当告知犯罪嫌疑人如实供述自己罪行可以从宽处理的法律规定。

6. 讯问笔录是什么？

讯问笔录是公安机关侦查人员、预审人员在侦查活动中，为了证实犯罪、查明犯罪事实，对犯罪嫌疑人进行讯问时如实记载讯问情况的文字记录。

我国《刑事诉讼法》第120条规定，讯问笔录应当交犯罪嫌疑人核对，对于没有阅读能力的，应当向他宣读。如果记载有遗漏或者差错，犯罪嫌疑人可以提出补充或者改正。犯罪嫌疑人承认笔录没有错误后，应当签名或者盖章。侦查人员也应当在笔录上签名。犯罪嫌疑人请求自行书写供述的，应当准许。必要的时候，侦查人员也可以要求犯罪嫌疑人亲笔书写供词。

7. 对未成年犯罪嫌疑人的讯问笔录有什么要求?

讯问笔录的填写具体包括以下几方面：

（1）讯问地点应规范填写为：××区看守所×××讯问室。

（2）两名民警在笔录起始及结尾处，应分别签名。

（3）讯问笔录次数必须填写，禁止手写、机打混用。

（4）犯罪嫌疑人在核对笔录无误后逐页签名、捺指印，并在末页写明“以上笔录我全部看过，和我说的相符”。拒绝签名、捺指印的，应当问明原因后在笔录上注明。

（5）刑事拘留、逮捕、直接取保候审、直接监视居住的首次讯问中，除问明嫌疑人基本情况外，还应问清是否属于人大代表、政协委员，是否有其他特殊身份。

（6）讯问时，首先讯问犯罪嫌疑人是否有犯罪行为，并进行告权，即“如实供述自己罪行，可以从轻或者减轻处罚”、“对侦查人员的提问，应当如实回答。但是对与本案无关的问题，有拒绝回答的权利”和“有权委托律师作为辩护人，如果因经济困难或者其他原因没有委托辩护律师的，可以向法律援助机构申请法律援助”，让其陈述有罪的情节或者无罪的辩解，然后提出问题。

（7）讯问聋、哑、不通晓当地语言文字的犯罪嫌疑人，应当有通晓聋、哑手势和当地语言文字的人员参加，并在讯问笔录上注明犯罪嫌疑人的聋、哑情况及不通晓当地语言文字的犯罪嫌疑人的情况，以及翻译人员的姓名、工作单位、职业，并随卷附送相关证明文件。

（8）对犯罪嫌疑人的犯罪事实、动机、目的、手段及与犯罪有关的时间、地点、涉及的人、事、物，都应当讯问清楚。对犯罪嫌疑人供述的犯罪事实、无罪或者罪轻的事实、申辩和反证，以及犯罪嫌疑人提供的证明自己无罪、罪轻的证据，应当认真核查；对有关证据，无论是否采信，都应当如实记录、妥善保管，并连同核查情况附卷。

（9）在讯问犯罪嫌疑人时，应认真作好讯问笔录，要如实反映讯问情况，不准弄虚作假，坚持实事求是，严禁抄录、复制口供笔录，做到事实清楚、证据充分、定性准确、运用法律适当、程序合法、手续完备、语句通顺、字迹清晰。

（10）犯罪嫌疑人请求自行书写供述的，应当准许；必要时，也可以要求犯罪嫌疑人亲笔书写供词。犯罪嫌疑人应当在亲笔供词上逐页签名、捺指印。收到后，两名民警应当在首页右上方写明“于×年×月×日在××看守所××讯问室内收到”，并分别签名。

8. 讯问过程中对录音、录像有什么要求？

讯问未成年犯罪嫌疑人，应当进行同步录音录像，并在指定的讯问室内进行。每一次讯问全程不间断进行，录像应保持完整性，不得选择性地录制，不得剪接、删改。

9. 什么是刑讯逼供？

一般人认为刑讯逼供肯定是殴打、体罚，但是刑讯逼供不仅只有这两种表现形式，还包括虐待，电击，将被审讯人置身于强噪声、极冷极热等极端环境中。根据联合国反刑讯公约的定义，刑讯逼供指的是国家机关以暴力取得口供，或是恐吓惩罚为目的，而使当事人遭受“蓄意的肉体上或精神上的痛楚”或此方面的威胁。在我国法律层面的刑讯逼供行为是指国家司法工作人员，采用肉刑或变相肉刑乃至精神刑等残酷的方式折磨被讯问人的肉体和精神，以获取其供述的一种极恶劣的刑事司法审讯方法，按照非法证据排除原则，这样取得的口供是非法和无效的。

10. 什么是指供？

指供是指审讯人员指定被告按主观性审判意图招供。

11. 什么是诱供?

诱供是指诱使刑事被告人或证人按侦查、审判人员的主观意图或推断进行供述。

12. 综合《刑事诉讼法》的规定，预审大队在办案工作中制定的讯问管理规范有哪些?

讯问管理规范包括以下几点：

(1) 预审大队民警进入看守所监区提讯嫌疑人时，必须穿着制式警用服装。

(2) 办案民警从看守所提讯犯罪嫌疑人时，必须给嫌疑人戴上手铐，并不得使用背铐。从中厅到审讯室途中，民警站在嫌疑人身后50厘米处，保证随时可以控制住嫌疑人。讯问未成年犯罪嫌疑人时，不得使用手铐、脚镣。

(3) 提讯时必须保证两名民警。提讯女性犯罪嫌疑人时，应当有女民警在场。

(4) 在押解和审讯时，时刻提高警惕，防止在提讯过程中发生嫌疑人自伤、自残。如发现嫌疑人有外伤或在提讯时突发疾病，要及时报告中队领导，果断处置，防止造成严重后果。

(5) 刑拘讯问一般案件不得少于两堂口供，其中第一次为系统口供，第二次为根据案情进行的重点补充讯问。捕后应在宣捕同时系统讯问一次，一般案件捕后不得少于两次讯问。重特大、疑难案件刑拘、捕后均不得少于三次讯问口供。

(6) 如遇犯罪嫌疑人患有重大疾病或有其他不适宜提讯的情况、事由，应由两名民警共同进入监区，在看守所管教的配合下，携带执法记录仪，共同完成讯问工作。

(7) 讯问正在医院治疗的犯罪嫌疑人，应由两名民警携带现场执法记录仪，共同完成讯问工作。

(8) 办案室在讯问嫌疑人过程中，必须打开监控录像。严禁任意改动、遮挡讯问室摄像头。如发现录像电脑、摄像头出现问题，应及时上报检修。

13. 未成年人犯罪案件的审理有哪些特别规定？

（1）收案。

①管辖。按照第一编第一章特殊管辖案件中关于未成年人犯罪案件管辖内容执行。

②审核。值班中队中队长接收案件时，应当逐卷检查是否有未成年人嫌疑人案卷，并重点核查以下几个方面：

A. 案卷中送案单位传唤、延长传唤、刑拘等法律手续是否齐备完整，是否有其法定代理人或合适成年人到场签字。

B. 案卷中送案单位制作的讯问（询问）笔录、辨认笔录、搜查笔录等法律文书是否齐备完整，是否进行权利告知，是否有其法定代理人或合适成年人到场签字。

C. 案卷中送案单位赃证款物搜查、起赃、清点、扣押、移交等法律手续是否齐备完整，是否有其法定代理人或合适成年人到场签字。涉案赃证款物是否经法制阅卷人审核无误。

D. 案卷中音像资料提取、扣押等手续是否齐整完整，是否已制作成 AB 盘附卷移送，音像资料内容是否经法制阅卷人审核无误。

E. 案卷中是否附有未成年犯罪嫌疑人的法定代理人或合适成年人身份。

F. 送案单位是否对未成年犯罪嫌疑人的身份进行了细致核实。收案时无法确定嫌疑人年龄的，按照其自报年龄确定。

（2）提讯押解。

①讯问未成年犯罪嫌疑人时，不得使用手铐、脚镣。

②押解未成年犯罪嫌疑人外出时，应当使用手铐、脚镣，但松紧适度，注意保障人身安全。

（3）讯问。

①讯问未成年犯罪嫌疑人时，应当进行同步录音录像，并在指定的讯问室内进行。

②讯问女性未成年犯罪嫌疑人，应当有女民警在场。

③讯问未成年犯罪嫌疑人时，应当通知未成年犯罪嫌疑人的法定代理人到场。无法通知、法定代理人不能到场或者法定代理人是共犯的，也可以通知未成年犯罪嫌疑人的其他成年亲属，所在学校、单位、居住地基层组织或者未成年人保护组织的代表（合称为合适成年人）到场，并将有关情况记录在案。

到场的法定代理人可以代为行使未成年犯罪嫌疑人的诉讼权利。

合适成年人有权了解涉案未成年人涉嫌罪名、身心特点、兴趣爱好、家庭情况、教育条件、日常表现、成长轨迹等基本情况，在参与讯问前有权与未成年人当面会谈，了解未成年犯罪嫌疑人的身体状况、权利义务知晓情况、合法权益有无遭受侵犯等事实情况。

到场的法定代理人或者其他人员提出办案人员在讯问中侵犯未成年人合法权益的，办案室应当认真核查，依法处理。

④法定代理人在诉讼中作为证人提供证言的（提供与案件事实本身无关的证言除外），应当避免旁听对未成年犯罪嫌疑人的讯问，由其他法定代理人或成年亲属行使旁听权利。确实无其他法定代理人的，应当先提取法定代理人的证言，再让其旁听讯问。

⑤讯问未成年犯罪嫌疑人，应当进行同步录音录像，并在指定的讯问室内进行。

（4）讯问笔录要求。

①每次讯问时，均应当通知法定代理人或合适成年人到场，补充签字方式制作的笔录一律视为无效证据，并追究相应的责任。办案室发现存在上述问题的，立即逐级上报至大队领导。

②讯问笔录应当交给到场的法定代理人或合适成年人阅读或向其宣读，核对笔录无误的，法定代理人或合适成年人应当逐页签字确认，并在最后一页将讯问在场的情况记录在案，并写明“笔录内容经核对无误，讯问时我在场”。

③合适成年人到场旁听讯问的，还应当将法定代理人不能到场的原因、民警联系工作情况、合适成年人到场情况、嫌疑人的意见等信息在讯问笔录中予以记载、说明。

④讯问笔录中，应当告知到场的法定代理人，其可以代为行使未成年犯罪嫌疑人的诉讼权利。

⑤在预审第一次讯问未成年犯罪嫌疑人或者对未成年犯罪嫌疑人采取强制措施时，应当在笔录中告知未成年犯罪嫌疑人及其法定代理人有权委托辩护人。未成年犯罪嫌疑人及其法定代理人未委托辩护人的，应当在第一次讯问或者采取强制措施三日内，填写《法律援助通知函》，通知法律援助中心指派律师为其提供辩护。在收到法律援助机构复函后，应当在三个工作日内通知未成年犯罪嫌疑人及其法定代理人。

（5）调查取证。

①办理未成年人刑事案件时，应当重点查清未成年犯罪嫌疑人实施犯罪行为时是否已满 14 周岁、16 周岁、18 周岁的临界年龄。

②办理未成年人刑事案件时，在提请逮捕前，应当聘请专业机构进行逮捕必要性审查，形成书面报告，与案卷材料一并移送。

③押解未成年犯罪嫌疑人外出时（包括辨认、搜查等环节），应当有见证人、其法定代理人或合适成年人同时在场，全程参与。注意其法定代理人与未成年犯罪嫌疑人保持一定的距离，保障人身安全。

④办理未成年人刑事案件时，应当对其法定代理人的身份进行核实。

侦查人员在讯问中常见的侵犯未成年人权利的行为主要归纳为以下几点：

A. 讯问中有威胁或辱骂及侮辱性语言和给未成年人身心造成伤害的语言。

B. 在法定代理人和合适成年人不在场情况下制作笔录后补签字。

C. 不让未成年人认真看笔录就催着签字或在未成年人对笔录细节表述提出质疑时不予修改逼迫未成年人签字。

D. 连续讯问，不能保证未成年人饮食和休息。

第三章　合适成年人工作的主要内容

一、合适成年人的资质与选任

（一）合适成年人的资质

1. 担任合适成年人应具备的基本条件有哪些？

担任合适成年人应具备以下基本条件：

（1）具有良好道德品质，身心健康的成年人，且具有较高的政治素质和较强社会责任感，热心未成年人工作。

（2）具有较强人际沟通能力、一定的社会阅历和较强的思想教育工作能力。

（3）热心公益并自愿参与未成年人权益保护和预防未成年人违法犯罪工作。

（4）具有一定的法学、心理学、教育学等相关知识。

2. 担任合适成年人，一般需要具有哪些专业知识？

从更好地履行合适成年人的职责出发，合适成年人可能需要了解以下几项专业知识：

（1）法律知识。具备相关法律知识，是合适成年人保护未成年人权益不受侵犯，协助其理解诉讼行为、监督部分讯问程序是否合法的基础。合适成年人对法律知识至少要有一般了解，最好能达到较为熟悉乃至特别精通的水平。

（2）心理学知识。合适成年人抚慰未成年人情绪和帮助其舒缓心理压力的职责要求其具备一定的心理学知识。对未成年人的心理、性格、行为方式有一定了解，可以针对未成年人的特征进行沟通。

（3）教育学知识。教育的功能在于引导而不是说教，侧重于让未成年人真正认识到自己行为的不当，培养其责任感，在思想上触动而不是简单地批评说教。

（4）有关沟通方面的知识。与未成年人的沟通是合适成年人运用其各项专业知识的基础。掌握沟通方法的知识，熟练运用沟通技巧，可以促进未成年人与合适成年人的交流、增强信任感，从而更好地发挥合适成年人的其他职能。①

（二）合适成年人的选任

1. 当前，合适成年人队伍的构成主要有哪些模式？

目前，合适成年人队伍构成主要有三种模式，一是建立专职合适成年人队伍，如专业的司法社工、法律援助律师等；二是兼职合适成年人模式，由学校教师、机关干部等人兼职担任合适成年人；三是临时选任模式，即不经过事先聘任，临时聘请人大代表、居委会人员等。专职、兼职人员的具体选任主要存在两种方式，一种是采用值班制度，由专、兼职合适成年人在指定地点值班，以便随时满足司法机关对合适成年人的需求；另一种是当司法机关提出需求时，联络合适成年人队伍的负责人，由负责人选派合适成年人到达现场提供服务。

2. 什么是兼职合适成年人？

兼职合适成年人是指合适成年人有本职工作，需要参与诉讼时以合适成年人身份参与，兼职合适成年人通常只有少量补助或完全公益性参加，管理较为松散。我国大部分地区都采用兼职合适成年人的形式。

3. 什么是专职合适成年人？

专职合适成年人是指设置专门的管理机构聘任合适成年人，

---

① 何挺：《“合适成年人”参与未成年人刑事诉讼程序实证研究》，载《中国法学》，2012 年第 6 期。

将其作为独立的职业，按期发放工资，进行专门的管理培训。

4. 兼职合适成年人具有哪些优势与不足？

聘用兼职合适成年人的优势在于可担任合适成年人的人员充足，来源和专业背景多元，无须大笔经费，能够较好地利用社会资源。不足主要在于，担任合适成年人易与本职工作发生冲突，有的时候不能保证随时到案。[①] 另外，兼职合适成年人不太便于管理。

5. 专职合适成年人具有哪些优势与不足？

聘用专职合适成年人的做法能实现对合适成年人的有效管理，保障合适成年人参与的实际效果，但需要专门的经费予以支持，并需要设立专门的管理机构。

6. 未成年人的父母、法定代理人和近亲属担任合适成年人有哪些优势与不足？

未成年人的父母、法定代理人和近亲属与未成年人有着某种天然的关系，他们作为合适成年人是最为合适的。但是并不是未成年人的法定代理人一定适合担任合适成年人，如未成年人一直遭受来自法定代理人的家庭暴力，这种情况法定代理人并不适合担任合适成年人；再如，在有些案例中，情绪控制能力较差的法定代理人在讯问过程中对未成年人大打出手，这种情况下法定代理人也不适宜继续担任合适成年人。

7. 社工担任合适成年人具有哪些优势与不足？

社工担任合适成年人的优势主要在于其具有从事社会工作的专业性，其所具有的教育学、心理学、社会学等知识和较强的沟通能力有助于履行合适成年人的职责，在抚慰情绪和帮教环节发挥显著作用，而且司法社工对刑事诉讼程序及相关法律规定了解较多，利于监督职能的履行。不足在于当前社工人才数量较少。

---

① 何挺：《“合适成年人”参与未成年人刑事诉讼程序实证研究》，载《中国法学》，2012 年第 6 期。

8. 学校老师、共青团干部、妇联工作人员、退休老干部等其他热心于未成年人保护工作的人员从事合适成年人具有哪些优势与不足?

这部分人员担任合适成年人能有效缓解合适成年人人员不足的问题，通常他们对公益事业具有较高的热情，热心与未成年人保护工作，而且这些人员通常都具有较为丰富的工作阅历和较强的沟通能力，其中有些人的本职工作也经常与青少年打交道，他们在与未成年人的沟通方面具有优势。但也存在一些问题：一方面，这些人员多为兼职担任合适成年人，担任合适成年人需要与其本职工作相协调，可能出现无法兼顾的情况。另一方面，这些人员大多不具备法律背景和知识，对刑事诉讼程序及相关法律规定了解欠缺，不利于监督和沟通职能的履行。

9. 律师是否能够担任合适成年人呢?

关于律师能否成为合适成年人，国外的立法各不相同。例如，英国法律规定，即使有律师在场，仍然不能取代合适成年人的参与。合适成年人在询问前可以与未成年人私下接触一会儿，要告知自己并非来自警察或受雇于警察机构，打消未成年人的顾虑，获得其信任。其谈话内容不涉及案件情况，主要是看未成年人是否受到粗暴对待，是否喝过酒或饮料，需要是否得到了满足，是否存在健康问题，以判断未成人是否处于正常状态，是否能够接受讯问。同时，要确认未成年人是否知晓自己的权利义务，是否需要向律师咨询等。因此，合适成年人的职能不同于律师。律师主要是就法律问题提供帮助，而合适成年人主要是保障未成年人的权益，以及协助未成年人与办案人员之间进行沟通。而澳大利亚的新南威尔士州《青少年犯罪法》第10条则规定了未成年犯罪嫌疑人在进行犯罪供述时有权选择法律职业人员在场。目前，我国理论界在这一问题上也存在较大争议。

10. 律师担任合适成年人具有哪些优势与不足?

就律师担任合适成年人是否恰当的问题，目前存有不同的观点。反对的理由主要是，合适成年人需要在诉讼中保持中立，而律师的辩护职业惯性难以确保律师在诉讼中保持中立立场。支持的理由主要是，律师比其他人员都精通法律和诉讼程序，能够有效监督办案人员，维护未成年人权益不被侵害。律师担任合适成年人的另一个问题是，担任了合适成年人的律师能否继续担任未成年人的辩护人。对于这种情况是否合适，也有不同的观点。大部分办案人员和律师认为，这种情况导致律师两种角色的冲突，应尽量避免。但有的办案人员和律师认为，律师先作为合适成年人参与讯问，能够尽早了解案情和接触犯罪嫌疑人，对于后面的辩护帮助很大，这有利于保障未成年人的辩护权。①

11. 哪些人不得担任合适成年人工作?

下列几类人不得担任合适成年人工作：

（1）无民事行为能力或限制民事行为能力人。

（2）司法机关工作人员。合适成年人的队伍应该是独立的，他们应该以保护被讯问的未成年犯罪嫌疑人的利益为己任，不依附于司法机关。司法机关的工作人员以及受雇于司法机关的人员，因为其职责所限，不可能保持独立或绝对的独立，所以也无法很好地履行其职责。

（3）正在服刑期间的罪犯或依法被剥夺政治权利的人。

（4）可能与本案存在利害关系的人。如果未成年犯罪嫌疑人的父母或其他监护人有参与案件的嫌疑，或者其他与本案有利害关系的证人、受害人、鉴定人等都应排除在合适成年人的范围之外。

（5）可能损害未成年人权益，或者有碍侦查、讯问、审判的人。

---

① 何挺：《“合适成年人”参与未成年人刑事诉讼程序实证研究》，载《中国法学》，2012 年第 6 期。

12. 建立合适成年人队伍可以依靠哪些组织？

从我国现在的本土资源看，我们建立合适成年人主要依靠如下组织：（1）共青团组织；（2）青少年社工；（3）基层群众自治组织；（4）承担法律援助职责的组织等。

13. 在选任过程中，一般对合适成年人的年龄具有哪些要求？

各地对合适成年人的年龄基本没有严格限制。有的地区要求年满18周岁，有的地区则要求年满20周岁或23周岁以上。实践中，合适成年人的年龄跨度较大，既有二十几岁、大学毕业后刚参加工作的人员，也有六七十岁的退休人。一般而言，合适成年人的年龄应当适中，以30至50岁，具备一定社会阅历，参加工作时间3年以上为宜。①

14. 在选任过程中，一般对合适成年人的性别具有哪些规定？

男性和女性担任合适成年人各有优势。男性相对较为理性，能够中立地参与诉讼，客观履行职责。女性更加柔和，容易让未成年人产生亲近感，便于交流。各地对于合适成年人的性别一般不做要求。

15. 在具体工作中，合适成年人的选派有哪些特殊规定？

在讯问涉嫌性暴力犯罪的未成年人时，通常倾向于选派男性合适成年人，以便能够更好地帮助未成年人理解和表达。在讯问女性涉嫌犯罪未成年人或是询问女性未成年被害人时，大部分地区对此做了规定。如果涉案未成年人是女性，必须由女性合适成年人到场。

16. 在具体工作中，合适成年人的选派可能涉及哪些问题？

在选派合适成年人时，可能涉及下列问题：

（1）同一未成年人在不同诉讼阶段的合适成年人是否保持同一。如果对一个未成年人在不同阶段的多次讯问在条件允许的情

---

① 何挺：《“合适成年人”参与未成年人刑事诉讼程序实证研究》，载《中国法学》，2012年第6期。

况下均由同一个合适成年人在场，多次和长时间接触有助于双方信任关系的建立。有的地方对这一点做了明确要求，如北京。

(2) 共同犯罪案件中如何确定合适成年人。考虑到同案之间存在利害管理，大部分地区都要求共同犯罪案件中，应当区分同案犯的合适成年人，即一名合适成年人不得担任两名以上同案未成年犯罪嫌疑人的合适成年人。

17. 在具体工作中，合适成年人的选派是否应注意加强随机性？

合适成年人的选派应加强随机性，避免由办案人员直接指定合适成年人，防止少数人集中担任合适成年人，对于按区域确定分工的合适成年人，应定期调换负责区域和轮岗。但对于同一未成年人，通常倾向于尽量选派同一名合适成年人。

18. 是否赋予未成人选择合适成年人的权利？

应赋予未成年人选择合适成年人的权利。对于符合合适成年人参与的案件，在合适成年人被确定后，未成年人明确拒绝其参与的，办案人员应当向其作必要的解释，仍坚持拒绝的，可以准许，并记录在案。未成年人提出更换合适成年人并有正当理由的，应予准许，但更换次数应以一次为限。

19. "盘龙模式"合适成年人的来源包含哪些？

"合适成年人"由盘龙区未成年人保护委员会按照一定条件从以下四类人员中聘任，包括区属各单位、各部门、各街道办事处和乡政府从事青少年工作维权、综合治理的工作人员；热心于未成年人工作并能适应该项工作需要的离退休人员和社会工作者；人民法院、人民检察院、公安机关的在职人员不得担任"合适成年人"。"合适成年人"的日常管理工作由盘龙区未成年人保护委员会办公室负责。另外，合适成年人必须是非律师。

20. "盘龙模式"的合适成年人选任具有哪些特点？

盘龙模式具有非常强的针对性，从教育界、心理学界、法律界的非司法人员中选任的志愿者能较好地运用其职业优势与未成年人进行沟通，对其进行疏导，志愿者的民间身份也容易得到未成年人的认同。在年龄底线方面也较好地平衡了合适成年人的社会阅历以及与未成年人心理相似性之间的矛盾。但将监护人排除在合适成年人之外，这存在一定的问题。监护人更能理解未成年人的情况，稳定他们的情绪，因此在一般情况下应当包括在合适成年人范围之内，而且2006年修订的《未成年人保护法》也对此作出了明确的规定。

21. 上海“浦东模式”合适成年人的来源包含哪些？

在上海，目前“合适成年人”的人选由专业社会工作者、学校青保老师、共青团干部及其他符合条件的社会志愿者组成。“合适成年人”需经司法机关任前培训合格并授予任职资格证书后才可担任。

22. “浦东模式”的合适成年人选任有哪些特点？

“浦东模式”突出建立专业化的合适成年人队伍，保证了参与者的稳定性、正式性，而且在人员构成上也比较科学。但是对于律师能否作为参与者，“盘龙模式”明确规定其不能包括在合适成年人范畴中，而浦东模式从现有资料看似乎回避了这个问题。

23. “北京模式”选合适成年人的来源包含哪些？

在北京，合适成年人的来源包括共青团干部、司法社工、教师、居住地基层组织的代表、律师和其他热心未成年人司法保护工作的人员。北京市有关部门联合出台的《关于在办理未成年人刑事案件中推行合适成年人到场制度的实施办法（试行）》中规定，担任合适成年人应同时符合下列条件：具有良好道德品质，身心健康的成年人，且具有较高政治素质和较强社会责任感，热心未成年人工作；具有较强人际沟通能力、一定的社会阅历和较强的思想教育工作能力；具有一定的法学、心理学、教育学等相关知识；涉案未成年人为女性的，合适成年人应优先从女性合适成年人中选择。

二、合适成年人的权利与义务

（一）合适成年人的权利

1. 规定合适成年人权利的依据是什么？

赋予合适成年人什么样的诉讼权利，需要考虑两点：一是保护未成年被告人的合法权益的需要，二是考虑到发挥合适成年人应当享有什么样的诉讼权利，可借鉴德国的做法。《德意志联邦共和国少年法院法》第 67 条第 1.2 项规定，凡被告少年享有或应当享有的权利，其监护人和法定代理人也应享有；凡规定通知被告人之事项，也应告知其监护人和法定代理人。

2. 合适成年人的权利有哪些？

合适成年人具有下列权利：

（1）基本信息知情权；（2）在场旁听权；（3）程序违法异议权；（4）帮助教育权；（5）查阅笔录签字权。除此以外，为保障合适成年人参与的专业性和积极性，一些地区还规定了合适成年人的接受培训权与获得经济补偿权。[1]

3. 什么是基本信息知情权？

基本信息知情权，是指合适成年人有权利从司法机关了解未成年犯罪嫌疑人涉嫌的罪名、生理、心理特点、兴趣爱好、成长轨迹、生活背景、社会交往、教育条件等基本情况，但不包括案件事实本身。

4. 什么是在场旁听权？

在场旁听权包括在旁听时与未成年人交流、沟通的权利。确保涉案未成年人受到公平待遇，观察讯问、询问是否依法合理进

---

① 何挺：《“合适成年人”参与未成年人刑事诉讼程序实证研究》，载《中国法学》，2012 年第 6 期。

行，当发现讯问、询问中存在违法时，合适成年人有权利要求办案人员停止该种做法。对未成年人进行安抚和教育，稳定其情绪，帮助其理解法律语言的含义，顺利与办案人员交流和沟通。这种沟通仅仅限于语言理解上的帮助，不是向未成年人提供法律上的意见或帮助，那是律师的职责而不是合适成年人应该做的。

5. 什么是程序违法异议权？

程序违法异议权，是指合适成年人发现办案人员有诱供、逼供或其他侵犯未成年人合法权益的情形，有予以指出并向有关机构反映的权利。其中，对侵犯未成年人人身权利的行为，应当及时制止；对于讯问言词不当的，可以采取适当方式提醒纠正。对办案人员在讯问和审理过程中发生的违法或不当行为，经劝阻和纠正仍难以制止的，合适成年人有权进行记录，并向承办人员主管部门或其上一级主管部门提出控告。

6. 什么是帮助教育权？

帮助教育权，是指协助办案机关对未成年人进行思想教育，使其认识到自己的错误，真诚悔过。在办案人员在场的情况下对未成年人进行教育，教育的内容不能涉及具体案件，否则办案人员有权制止。

7. 什么是查阅笔录签字权？

查阅笔录签字权，是指在旁听讯问结束后，参加讯问的合适成年人有权了解讯问笔录，对笔录中所记载内容的正确性、完整性提出意见，并在笔录上签字。此外，还要对整个讯问中是否存在违法问题作出评价。

8. 什么是拒绝签名权？

对于下列情况，合适成年人有权拒绝签名：在讯问过程中出现违法行为或者不当行为经劝阻仍未停止的；笔录内容与讯问过程不符的；未通知合适成年人到场却要求其签名的；合适成年人仅参加一次讯问却要求在多次讯问笔录上签名的。

9. 合适成年人还应享有哪些其他权利？

除上述几项权利外，合适成年人还应享有下列权利：

（1）合适成年人有权利亲自向涉案未成年人表明自己的身份与立场，这样有助于取得涉案未成年人的信任，同时体现了合适成年人独立的法律地位，划清了与办案人员的界限，因为这两点是合适成年人参与制度能否取得效果的关键因素。

（2）向涉案未成年人说明他们的处境，和在该处境下其可能面对的情况与后果；与涉案未成年人核对，以确定其是否被告知讯问的原因；检查羁押未成年犯罪嫌疑人的时间和相关的记录。

（3）确保涉案未成年人处于正常的生理、心理状态，以保证他们不会因为饥饿和疲劳而被迫作出不实的供述。

10. 法定代理人与合适成年人的诉讼权利有哪些区别？

法定代理人与合适成年人在刑事诉讼中的权利有交叉重合之处，如均可以了解未成年人健康状况、权利义务知晓情况、合法权益有无遭受侵犯等情况，可以对办案人员的诱供、逼供或其他侵犯涉罪未成年人合法权益的行为提出反对意见并提出控告，可以阅看核对讯问笔录或庭审记录以及对未成年人进行教育等。但前者的权利广于后者。法定代理人具有独立的诉讼地位，享有与被代理人相当的诉讼权利，这些权利分散在诉讼活动各个进程中，包括控告权、要求回避权、申请取保候审权、申请补充鉴定或者重新鉴定权、提出刑事附带民事诉讼权以及最后陈述权、上诉权等。[①]

（二）合适成年人的义务

1. 合适成年人的基本义务有哪些？

合适成年人参与制度是根据涉案未成年人的生理、心理特点，为涉案未成年人专门设计的一项制度，因此合适成年人主要承担的工作即是保护涉案未成年人的合法权益不受侵害。具体来

---

① 彭丽娜：《合适成年人到场制度的法律适用与监督》，载《法制与社会》，2012年第27期。

说，合适成年人在涉案未成年人在接受讯问和审判时，具有下列基本义务：一是监督办案人员在审讯和询问过程中是否有不当行为，避免对涉案未成年人造成心理及生理伤害；二是协助涉案未成年人与办案人员及时沟通，促进涉案未成年人与办案人员之间的相互理解；三是及时处理涉案未成年人的负面情绪，保证审讯和询问过程有效的顺利进行；四是对涉案未成年人进行简单初步帮教，为后续审讯、询问、社会调查和社会帮教打下良好基础；五是保护涉案未成年人隐私，避免隐私泄露增加未成年人的心理负担。一言概之，合适成年人应将自身定位为“积极的关怀者”，而非“消极的旁观者”。

2. “消极的旁观者”的特点有哪些？

“消极的旁观者”认为其履行职责的主要形式是到场和旁听，无须对涉案未成年人进行教育和抚慰。他们认为，只有涉案未成年人向他们发问或求助时合适成年人才会发言，而在涉案未成年人尚未完全理解合适成年人的地位与作用、仍视合适成年人为陌生人的情况下，合适成年人亦没有主动与涉案未成年人建立信任关系。在审讯或询问过程中，他们会出现双手环抱于胸前、冷眼旁观涉案未成年人、躲避涉罪未成年人的目光、玩手机、接电话等不当行为。有的合适成年人在整个审讯或询问过程中一言不发，甚至无法履行最基本的监督职责。

3. 什么是监督审讯？

监督审讯主要指的是监督办案人员在审讯或询问过程中是否存在不同程度直接或间接侵犯涉案未成年人权益的违法或不当行为，监督的主要目的即保证涉案未成年人在严肃的司法环境下合法、正常、有序地接受审讯。我国学者何挺在《“合适成年人”参与未成年人刑事诉讼程序实证研究》一文中通过对各地合适成年人访谈后指出，各地普遍反映办案机关对未成年人的讯问方法相对较为规范，未发现有合适成年人在场时出现刑讯威胁或者辱骂等非法或不规范的讯问行为。[①] 不可否认，随着我国司法制度的不断完善，直接的刑讯威胁或者辱骂这类非法或不规范的讯问行为几乎消失，但是这并不表示办案人员在审讯过程中不存在间接侵犯涉案未成年人权益的不当行为，甚至某些行为对承受能力较低的未成年人来说，可能是一种严重的心灵伤害。

4. 侵犯涉案未成年人权益的不当行为有哪些?

侵犯涉案未成年人权益的不当行为主要包含以下几种情况：一是办案人员在审讯过程中接打手机、说笑、吸烟、情绪急躁易怒，并通过拍桌子、指鼻子、大声呵斥涉案未成年人等肢体语言，将负面情绪传递给涉案未成年人，从而引起涉罪未成年人的紧张和焦虑情绪。二是办案人员用语用词不当，如侮辱、挖苦涉罪未成年人等。三是办案人员没有为合适成年人预留自我介绍与帮教的时间。四是办案人员在审讯开始前，未保证涉罪未成年人能够理解《犯罪嫌疑人权利义务告知书》的具体内容即开始讯问。五是办案人员对涉罪未成年人的回答选择性记录。六是以压迫性语气讯问涉罪未成年人与案件无关的内容。七是未等待涉罪未成年人及合适成年人完整看完笔录，即催促赶快签字，甚至不同意未成年人及合适成年人要求修改与所述不一致的询问笔录内容，以“改不改对你案情没什么影响”敷衍了事。

5. 合适成年人应当如何履行监督审讯的义务?

合适成年人在到场陪同涉案未成年人参与讯问、询问和法庭审判等互动中，必须遵守法律、法规的规定。若办案人员在审讯或询问过程中存在不同程度直接或间接侵犯涉案未成年人权益的违法或不当行为，合适成年人有义务提出意见，及时阻止办案人员的不当行为，保护涉案未成年人的个人权益，保障诉讼活动的合法性。

---

① 何挺：《“合适成年人”参与未成年人刑事诉讼程序实证研究》，载《中国法学》，2012 年第 6 期。

6. 什么是协助沟通？

办案人员在审讯、询问涉案未成年人的过程中，习惯性地会使用法律用语，或者表达一些自己对涉案未成年人行为及个人的否定性评价，而涉罪未成年人也可能会因此不配合办案人员审讯。因此，合适成年人应协助涉案未成年人和办案人员双方进行有效沟通，保障审讯、询问过程顺利进行，这便是协助沟通的含义。需要沟通的前提主要包括以下三点：一是当涉案未成年人不理解办案人员审讯过程中所使用的法律用语的含义时；二是当办案人员表达个人对涉案未成年人的负面评价，导致审讯现场气氛紧张时；三是当涉案未成年人不配合办案人员讯问或询问时。

7. 合适成年人应当如何履行协助沟通的义务？

合适成年人应当帮助涉案未成年人正确理解讯问、询问、庭审的含义，不得以诱导、误导等行为妨碍司法活动。

8. 什么是处理情绪？

处理情绪，主要指当涉案未成年人参与讯问、询问和庭审过程中产生了低落、愤怒、抵触等不利于司法活动继续进行的负面情绪时，合适成年人安抚、慰藉涉案未成年人以达到缓解情绪的效果。

9. 合适成年人应当如何履行处理情绪的义务？

在严肃的环境下，未成年人接受审讯或询问都承受着巨大的心理压力，容易感到紧张和恐惧，甚至对办案人员产生抵触情绪，如果不加以及时疏导和抚慰，不仅会导致审讯或询问过程难以顺利进行，还可能导致涉案未成年人受到伤害，甚至产生严重的心理问题。合适成年人需要在敏锐捕捉未成年人的情绪时，运用接纳、同感、倾听等专业技巧去抚慰未成年人的情绪，消除其无助感、焦虑感以及不稳定的情绪状态。

10. 什么是帮扶教育？

帮扶教育，主要是指在简短的时间内，在办案人员在场的前提下，根据涉案未成年人的具体表现，判断涉案未成年人的心理承受情况，与之进行有针对性的沟通，及时进行心理危机的预防和干预，调节其内心意识结构，帮助其解决因案件或诉讼过程与结果等因素可能引发的问题。帮教的主要目的是使涉案未成年人适应接下来的社会生活或者监禁生活。此外，值得一提的是，合适成年人对涉案未成年人的帮教不同于司法人员灌输式的刻板教育，合适成年人应促进涉案未成年人自我反思，从各个方面受到感化。

11. 合适成年人应当如何履行帮扶教育的义务?

在案件办理结束后，应有关部门要求，合适成年人应当积极配合、协助有关部门对涉案未成年人开展回访、帮教工作。

12. 什么是保密责任?

保密是指一种专业规范和一种专业责任。它要求合适成年人秉持专业精神，尊重未成年人的隐私，保证将与未成年人共享的或者与未成年人有关的信息不与第三方共享。尤其是当合适成年人工作有明确法律依据后，合适成年人更应保持更高标准的保密，要时刻保持专业警惕性，对未成年人的私人信息进行保密。

13. 合适成年人应当保密的内容有哪些?

未成年人的隐私不仅包括他提供给办案人员的相关信息，如个人家庭住址、父母联系方式、工作单位等，还包括未成年人透露给合适成年人的信息，如他与父母的关系、他与朋友的相处情况、生活经历的重大事件等。即使合适成年人在工作过程中记录了一些信息，也只能将其用于更好地服务未成年人的目的上，不可用于其他事项。

三、合适成年人工作的具体流程

1. 合适成年人工作的基本流程有哪些?

根据合适成年人的工作顺序，本书将合适成年人的工作流程分为五个阶段，依次是：委托，到场，参与讯问，签字，记录。

2. 委托具体包括哪些工作?

在委托阶段，合适成年人的工作可以分为四步。第一，接案，合适成年人负责人受理司法机关的委托；第二，合适成年人负责人需要对委托人进行简单的询问，了解被委托的涉案未成年人的姓名、性别、籍贯、涉案原因以及其法定代理人无法到场的原因等基本信息与自然情况；第三，合适成年人负责人根据初步了解的信息指派适合的合适成年人；第四，由被指派的合适成年人与委托人联系确认服务时间、地点以及涉案未成年人的基本情况。

3. 到场具体包括哪些工作?

合适成年人按照约定的时间到达服务地点，联络委托人办理相关出入手续，合适成年人需要携带身份证及《合适成年人服务记录手册》到场。在讯问开始前，合适成年人需要向涉案未成年人进行自我介绍，告知其父母无法到场的原因，确认他是否已了解自己的权利和义务，并告知他可以与合适成年人沟通、表达疑问。

4. 参与讯问具体包括哪些工作?

参与讯问即在未成年人接受讯问或询问的过程中，合适成年人应履行自己的义务，保障讯问过程的正常进行。首先，合适成年人需要认真旁听办案人员与涉案未成年人的对话，因为事后还需要核对笔录中内容记录的准确性。其次，在讯问、询问以及庭审过程中，合适成年人需要监督办案人员的操作，以保证操作的规范性，从而保障涉案未成年人的合法权益。再次，合适成年人还需要帮助解决涉案未成年人提出的问题，安抚涉案未成年人，处理负面情绪，促进涉案未成年人与办案人员之间进行有效沟通。最后，在讯问、询问过后，合适成年人可以在办案人员在场的情况下，对涉案未成年人进行必要的安抚和教育，帮助涉案未成年人调整认知，正确理解法律规定及诉讼流程。

5. 签字具体包括哪些工作?

在讯问、询问结束后，合适成年人需要保障涉案未成年人认真阅读笔录或相关告知文件，正确理解笔录中记载的内容与相关告知文件中宣布的内容，并确认笔录记录的内容与他们所述内容一致。待涉案未成年人在与自己所述内容一致的笔录上签字后，由合适成年人仔细阅读笔录或相关告知文件，确保笔录记载与涉案未成年人供述内容的一致，然后再在笔录或相关文件上确认签字。

6. 记录具体包括哪些工作？

合适成年人需要向办案人员了解涉案未成年人的身份信息，完整填写《合适成年人服务记录手册》，并请办案人员确认信息签字。合适成年人需要将《法定代理人到场通知书》和《合适成年人服务记录手册》妥善保存。

四、合适成年人工作的主要内容

（一）合适成年人参与案件的基本范围

1. 合适成年人参与案件的基本范围应包含哪些情况？

合适成年人在场应覆盖以下情况：（1）讯问和审判未满 18 周岁的犯罪嫌疑人、被告人；（2）询问未满 18 周岁的未成年被害人与未成年证人；（3）涉及未成年人的辨认、搜查、扣押和逮捕等侦查行为和强制措施。

2. 合适成年人只参与涉嫌犯罪未成年人的案件吗？

不是，除涉嫌犯罪未成年人以外，在被害人或证人为未成年人时，若其法定代理人无法到场，也需要合适成年人在场维护其个人权益。

3. 若办案人员以降低破案风险或提高破案效率等为目的，未通知未成年人的法定代理人，而是直接通知合适成年人到场，合适成年人是否可以参与这种案件？

不可以。办案人员未通知未成年人的法定代理人，即侵害了未成年人及其法定代理人的权益，这与法律规定的内容与初衷相违背。因此，若办案人员未通知未成年人的法定代理人，合适成年人需要拒绝参与案件，并提醒和督促办案人员按法律规定首先通知未成年人的法定代理人。

4. 何种情况可以不通知未成年人的法定代理人到场旁听讯问，可以直接通知合适成年人？

当未成年人无法提供其法定代理人的通讯方式，或未成年人与其法定代理人共同犯罪时，办案人员可以不再通知未成年人的法定代理人，可以直接通知合适成年人到场。

5. 法定代理人在场的情况下，合适成年人还可以参与旁听讯问吗？

在新修订的《刑事诉讼法》中明确规定，讯问、询问和审判未成年人时应当通知其法定代理人到场，合适成年人的到场参与仅限于该未成年人的法定代理人无法到场的情况。所以从原则上讲，若法定代理人能够到场，则无须合适成年人。

6. 若未成年人的法定代理人因自身水平有限、对法律规定了解有限等因素坚持希望由合适成年人替代其到场旁听，这种情况是否可以被准许？

根据法律规定，对未成年人进行讯问、询问及审判时应当通知其法定代理人到场，这不仅仅是未成年人及其法定代理人的权利，也是未成年人法定代理人的义务。对于未成年人而言，合适成年人是无法替代其法定代理人带给他同等的情感支持与维护效果的，所以上述情况中法定代理人的做法会对未成年人的权益造成一定的损害。因此法定代理人在条件允许的情况下应当配合司法机关完成诉讼活动，以上情况无法被准许。

至于未成年人的法定代理人认为其自身水平有限或是对法律规定了解有限，可以通过咨询律师或办案人员等方式进行了解，从而更好地在场维护未成年人的权益。

7. 若未成年人提出拒绝法定代理人到场旁听的请求，可否使用合适成年人？

从原则上讲，这种做法不被鼓励，但是未成年人的意见也需要被参考和尊重，所以本书认为需要视具体情况而定，若法定代理人到场旁听确实会对未成年人或者其法定代理人造成不良影响，则可以考虑使用合适成年人。

（二）合适成年人工作的主要内容

1. 在接受委托时，合适成年人负责人所需要了解的涉案未成年人的基本信息和自然情况主要包含哪些？

涉案未成年人的基本信息包括姓名、性别、年龄、籍贯、涉案原因、收押时间、羁押地点等，涉案未成年人的自然情况则包括涉案未成年人的健康状况、性格特点、认罪态度等。

此外，合适成年人需向办案人员询问其是否联系过涉案未成年人的父母，以及其父母无法到场的原因，以避免出现办案人员不联系未成年人父母直接联系合适成年人到场的情况出现。

2. 当合适成年人到场时发现办案人员预备在非未成年人讯问室进行提讯，合适成年人应当如何处理？

根据规定，对未成年人进行讯问时不得使用手铐、脚镣等器械，也不得使用带有铁笼的讯问室，因此，当合适成年人发现办案人员在提讯时出现了该违规情况，可以直接向办案人员提出更换讯问室的要求。

3. 到场后合适成年人工作的主要内容和主要目的分别是什么？

合适成年人到场后，需要就参与讯问过程进行相应的准备工作，具体而言，包括以下内容：一是与办案人员沟通交流，了解未成年人相关情况及最新动态，以便于合适成年人选取更为适合该未成年人的专业方法和技巧开展工作。二是向涉案未成年人表明合适成年人的身份和主要作用，即通过简单易懂的自我介绍让涉案未成年人能够了解合适成年人在场的原因和作用，以及合适成年人专业的助人能力。三是与涉案未成年人就案件之外的信息进行交流，缓解初次见面的尴尬气氛，与涉案未成年人建立良好的专业关系。

4. 初次与涉案未成年人见面，合适成年人应如何进行自我介绍？

在讯问或询问开始前，合适成年人需要向涉案未成年人介绍自己的姓名、工作单位或职务、到场参与讯问（询问）的目的，以使涉案未成年人明确知晓合适成年人的身份和专业资质，增加未成年人对合适成年人助人能力的信任。例如，“××，你好！我是××，我来自×××工作单位。刚才跟办案人员了解到你的父母因×××原因无法赶到今天的讯问现场，在接下来的讯问过程中由我代替他们保护你的个人权益，如果遇到疑问，你可以随时示意我。”另外，为了体现合适成年人的专业身份，还需要对涉案未成年人的各种反应保持相当的理性。

5. 若办案人员没有为合适成年人预留自我介绍的时间，合适成年人应该怎么办？

有时候，办案人员仅使用一句“由于你的父母无法到场，我们为你聘请了一位合适成年人来代替你的法定代理人”便草草完成了介绍工作，但事实上，涉案未成年人并不十分清楚法定代理人到场的意义以及合适成年人的身份和工作内容。若遇到上述情况，合适成年人可以及时打断并提醒办案人员，对涉案未成年人进行专业、细致的自我介绍。但是最好的办法是提前与办案人员沟通好，让办案人员为合适成年人预留自我介绍的时间。

6. 合适成年人应如何与涉案未成年人进行交流？

在多数情况下，友善的表情加上温暖而坚定的眼神有助于建立关系。同时，一些关于饮食、睡眠等与生活息息相关的话题可以有效帮助合适成年人与涉案未成年人相处地更为轻松，尤其是对于沉默内向或防卫心理较重的涉案未成年人而言，这些话题可以引起他们回应，也容易拉近彼此的距离。但需注意的是，对于有严重困扰或是正处于焦虑状态中的涉案未成年人而言，若是合适成年人花费太多时间在与他们的困境、困扰无关的话题上，会使他们产生明显的挫折感，反而可能导致涉案未成年人对合适成年人难以产生信任。

7. 若涉案未成年人尚未能够真正理解涉嫌犯罪未成年人或犯罪被害未成年人、未成年证人的权利与义务，合适成年人应当如何处理？

涉案未成年人是否能够真正理解其权利和义务的具体内容，合适成年人并不清楚，因此需要合适成年人在讯问或询问正式开始前，提前询问涉案未成年人是否具备相应的阅读能力和理解能力。有些涉案未成年人无法理解权利义务告知书的内容，但是面对办案人员却不敢表达说明，或者办案人员并未仔细询问涉案未成年人是否理解。若遇到上述情况，合适成年人可以主动询问了解涉案未成年人对其权利与义务的理解程度，并针对涉案未成年人模糊不懂的问题请办案人员进行解释和澄清。

8. 在参与讯问、询问过程中，合适成年人需要注意什么？

在讯问或询问过程中，合适成年人不仅需要保障讯问、询问过程的顺利进行，更需要保障涉案未成年人的权益不受侵犯，并且不仅涉案未成年人与办案人员之间进行有效的沟通。因此，合适成年人在关注涉案未成年人与办案人员之间沟通内容的同时，更加要关注和监督讯问、询问是在和谐的环境下进行，和谐的环境主要指符合规定的提讯环境、正确的问话方式等。另外，合适成年人还需要敏感地捕捉涉案未成年人的情绪变化，及时地帮助涉案未成年人缓解紧张、恐惧、绝望、愤怒等负面情绪，对涉案未成年人的困惑予以解答，帮助涉案未成年人解决危机。

9. 若涉案未成年人无法理解办案人员使用的法律用语或专业词汇，合适成年人应当如何处理？

在讯问过程中，办案人员经常使用“延长拘留”、“取保候审”、“检举揭发”等法律用语，以及“政治面貌”、“人大代表、政协委员”等专业词汇，而很多未成年人对这些词汇、用语感到非常陌生，他们无法理解这些词汇和用语的含义，从而不知如何作答，有些未成年人可能不会主动提出困惑，也有些未成年人会根据自己的理解回答，但出现答非所问的情况。所以，在出现这种情况时，合适成年人可以主动询问了解涉案未成年人对办案人员所用词汇、用语的理解程度，若涉案未成年人无法理解或理解存在偏差，合适成年人可以帮助涉案未成年人向办案人员提出困惑，请办案人员进行细致的解释或澄清，以保障涉案未成年人能够正确地理解和表达。

10. **若办案人员在讯问过程中出现不当的行为表现或言语，合适成年人应当出如何处理？**

合适成年人应当明确知晓对涉案未成年人进行讯问、询问及开庭审判的相关规定（详见本书第二章），要求合适成年人能够清楚地判断办案人员的言行是否出现不当的违规表现，若确实出现上述情况，合适成年人可以直接对办案人员提出口头意见，提醒办案人员注意言行。需要注意的是，合适成年人需要注意提出意见的表达方式，生硬、粗鲁的表达方式将可能导致合适成年人失去中立立场，并且可能助涨涉案未成年人的对立情绪，所以合适成年人需要根据具体情况，可采用一些表达技巧，选取温和的表达方式。

11. **若涉罪未成年人拒绝配合办案人员进行讯问工作，合适成年人应当如何处理？**

面对提讯的办案人员，涉罪未成年人通常都具有戒备心，甚至可能具有敌对心理，这种心理导致涉罪未成年人对讯问具有抵触情绪。另外，由于未成年人心智尚不成熟，极容易误解办案人员的提问或无法正确表达自己的真实想法，而办案人员也可能对涉罪未成年人的不准确表达产生误解。以上因素均可能导致涉罪未成年人与办案人员双方对立，涉罪未成年人拒绝配合讯问工作。若遇到这种情况，合适成年人应当站在中立立场，分别帮助办案人员和涉罪未成年人进行解释和澄清，促使双方相互理解和正确地表达，从而进行有效沟通。

需要注意的是，合适成年人并没有义务劝说涉罪未成年人说出犯罪事实的真相，无论是出于审讯人员要求还是自发的劝说。

12. 若办案人员强势地讯问涉罪未成年人与案件无关的内容，合适成年人应当如何处理？

若遇到上述情况，合适成年人可以及时向涉罪未成年人解释法律规定，并向办案人员询问与案件关联之处。例如，在一次讯问中，办案人员问及涉罪未成年人收入状况时，了解到涉罪未成年人的母亲是卖服装的商贩，她在淘宝网开了一家店帮助母亲卖服装，收入归她自己所有，但后来她与母亲发生矛盾就关闭了网店，收入减少。办案人员问涉罪未成年人为何与母亲发生矛盾，涉罪未成年人沉默以对，并以与案情无关为由拒绝回答，但办案人员却使用强势的态度和压迫性的语言回应“是否无关，由我们决定，问你什么就答什么”。这时候，合适成年人及时阻止办案人员的发问，向涉罪未成年人解释法律相关规定，即如果觉得与案情无关可以不必回答，但是如果与案情有关却故意隐瞒，需要承担一定的法律后果。同时，要求办案人员将该问题与案件的关联之处向涉罪未成年人进行相应的解释。

13. 若办案人员带有歧视地表达个人对涉案未成年人的负面评价，合适成年人应当如何处理？

例如，在一次讯问中，涉罪未成年人身上有多处文身，办案人员看到后询问了每个文身的意义，随后对文身这一行为嗤之以鼻，并说“弄这么多文身，人能好到哪里去”。其实，涉罪未成年人完全能够以与案情无关为由拒绝回答有关文身的问题，但是她很认真地向办案人员解释了每个文身代表的意义，这也体现了她内心深处对获得他人理解和认可的渴望。办案人员的评价可能导致涉罪未成年人产生强烈的抵触情绪，从而影响讯问工作的进行，而且办案人员所使用的这种带有歧视的负面评价对涉罪未成年人而言是一种间接的伤害，合适成年人可以直接提出口头意见，向办案人员解释涉罪未成年人的行为与其身心的成长具有密切关系，其行为背后也体现了未成年人的内心需求，争取获得办案人员的理解，从而避免办案人员继续对涉案未成年人进行负面评价。

14. 一般而言，涉案未成年人出现哪些情况时，需要合适成年人及时帮助涉案未成年人处理情绪?

需要合适成年人帮助处理的情况包括：

（1）涉罪未成年人对自己的犯罪行为难以释怀，无法接纳自己，以消极态度面对办案人员的讯问。

（2）涉案未成年人面对严肃的讯问环境产生了紧张焦虑的情绪，甚至导致其忘记案情的经过与细节。

（3）涉案未成年人对办案人员及讯问本身产生了强烈的抵触情绪，不配合讯问。

（4）涉罪未成年人对家人的思念尤为强烈，并且为自己的犯罪行为给家人造成的伤害产生了强烈的愧疚感。

（5）涉罪未成年人对法律处理的方式产生了恐惧和焦虑的情绪，导致其对案情的描述出现前后不一致的情况。

15. 在处理涉案未成年人产生的负面情绪时，合适成年人容易出现哪些错误?

合适成年人在抚慰涉罪未成年人的复杂情绪时也容易犯以下错误：一是还未处理情绪就急于改变认知。涉罪未成年人在情绪不稳定的情况下，合适成年人对涉罪未成年人进行灌输式说教并不能起到任何作用，反而会导致涉罪未成年人产生“你不理解我”的想法。二是合适成年人忘记自己应站在保护未成年人的立场。涉罪未成年人情绪混乱时，办案人员可能并不理解，因此指责涉罪未成年人耽误时间、妨碍讯问，此时若合适成年人表达出与办案人员类似的感受，对涉罪未成年人会造成严重伤害。合适成年人应试图让办案人员理解涉罪未成年人在当时情境的感受，给予涉罪未成年人适当的时间用于发泄和整理情绪。三是在合适成年人安抚涉罪未成年人的情绪后，涉罪未成年人表达可以理解合适成年人所说的内容，但无法做到有效地控制自己的情绪，此时，合适成年人不应给出类似“没关系，等你长大了就好了”、

"时间久了你自己会改变的"这样的空头承诺，而是应给予鼓励，如鼓励他已经意识到自己存在的某个问题，改变的前提便是意识到问题，合适成年人也可以为涉罪未成年人提供一些具有可行性的建议作为参考。

16. 若涉罪未成年人对自己的犯罪行为难以释怀，合适成年人应当如何处理？

通常初次犯罪或者犯罪情节严重的未成年人会对自己的犯罪行为难以释怀，涉罪未成年人会无法接纳自己的犯罪行为，包括对被害人造成的伤害，以及对自己的家庭造成的伤害，他们往往以消极态度面对审讯人员的讯问，甚至希望得到法律的严厉判决，以缓解内心的压力。遇到这种情况，合适成年人应引导涉罪未成年人理性、客观地认识自己所实施的违法犯罪行为以及导致自己犯罪的原因，帮助涉罪未成年人减弱内疚悔恨的情绪，在交流讨论中合适成年人需要挖掘涉罪未成年人积极的表现与想法，鼓励涉罪未成年人建立希望与信心。

例如，在一次讯问中，涉罪未成年人自称他因一流浪汉盗窃公司内的财物而对他拳脚相加，但不料该流浪汉在两天之后因胃穿孔治疗不及时导致死亡。当涉罪未成年人被逮捕后知道自己对流浪汉的殴打行为可能就是导致流浪汉死亡的致命原因后，一时难以释怀，他无法原谅自己的行为导致了一条生命的消逝，情绪一度崩溃，甚至产生"以命抵命"的想法。面对这种情况，合适成年人首先应通过外在化技巧引导涉罪未成年人客观地审视发生的一切，把问题和人剥离开来，鼓励涉罪未成年人把他们遭遇的问题客体化和拟人化，把困扰人的问题看作一个与自己分开的"身外之物"。问题的外在化能够帮助涉罪未成年人摆脱问题困扰，减轻自身的问题责任感，去除了问题标签化的恶劣影响，使涉罪未成年人提升了自信心以及产生向办案人员清晰描述案情的动力。其次，通过鼓励技巧帮助涉罪未成年人理解所有的事物都具有两面性，应当客观、全面地看待问题，因为积极的部分才能够帮助人们克服困难、解决问题。针对涉罪未成年人“以命抵命”的不合理信念，合适成年人需要进行对质和澄清，帮助涉罪未成年人辨识这种非理性信念的存在，并鼓励涉罪未成年人欣赏和利用自己的力量，现实地、辩证地看待自己和周围的世界，帮助涉罪未成年人用积极的行动为自己的过错进行承担和补偿。

17. **若涉罪未成年人在监禁环境下对家人产生强烈的情感依恋，合适成年人应当如何处理？**

通常情况下，涉罪未成年人对家人产生强烈的感情依恋主要指的是以下两种情况：一是因为实施了犯罪行为辜负了家人的期望，而对家人感到愧疚，害怕家人知道自己犯罪后难以接受，希望办案人员可以替自己隐瞒案情。面对这种情况，合适成年人首先应该向涉罪未成年人传达信任与肯定，即可以通过点头、眼神鼓励、言语赞扬的正向行为或表示接纳和理解的姿态去肯定涉罪未成年人在讯问过程中所表现出来的感受与反应。其次，合适成年人可以就家庭的意义与涉罪未成年人进行探讨，帮助他减缓担心、焦虑等负面情绪。二是涉罪未成年人独自面对失去自由的监禁环境，难以承受，尤其在接受讯问时得知其家人无法到场，无法为涉罪未成年人提供钱和衣物时，涉罪未成年人往往容易产生伤心甚至是绝望的感受。面对这种情况，除了给予涉罪未成年人如何在监禁环境下生活的合理建议外，还需向涉罪未成年人表达关心，安抚其由于家人不在场而产生的伤感情绪。

18. **若涉案未成年人对讯问环境产生紧张、焦虑情绪，合适成年人应当如何处理？**

面对严厉的办案人员和严肃的讯问环境，涉罪未成年人通常会产生紧张情绪，明显的表现有低头不敢直视办案人员、回答问题时声音小、手部小动作较多等。未成年被害人经历过一次犯罪嫌疑人的实际伤害后，反复回忆和详细地描述案发过程也可能对未成年被害人造成二次伤害，容易引起未成年被害人的紧张情绪。遇到这种情况，合适成年人可以起身走到涉案未成年人身边，用微笑的表情和关心的眼神、安慰的话语和动作传达对他的支持，也可以较为详细地向他介绍诉讼的相关程序，使涉案未成年人对诉讼活动增加了解，从而减轻因茫然无措而产生的紧张、焦虑情绪。

19. 若涉罪未成年人对办案人员产生强烈的抵触情绪，合适成年人应当如何处理？

面对以居高临下的态度、例行公事式的态度或者强势发问的办案人员，处于逆反心理高峰时期的涉罪未成年人容易产生强烈的抵触情绪，用不配合传达不满情绪。遇到这种情况，合适成年人应避免事态的恶化，表达对涉罪未成年人的同理心、关怀和尊重，并通过开放式问题引导涉罪未成年人挖掘抵触情绪背后的更深层次原因，这样可以帮助涉罪未成年人将一部分情绪发泄出来。同时，合适成年人可以用超越涉罪未成年人对问题的陈述，向办案人员解释，从而帮助办案人员理解涉罪未成年人产生抵触情绪的缘由，帮助双方建立有效的沟通途径，以保障讯问顺利进行。

20. 若涉罪未成年人对法律处理方式产生害怕和恐惧情绪，合适成年人应当如何处理？

很多涉罪未成年人均表示导致他们实施违法犯罪行为的一个主要原因是“一时冲动，没有考虑后果”，所以在得知自己面临被起诉审判的风险后，涉罪未成年人可能会对法律处理的方式产生害怕、恐惧的情绪。而在害怕和恐惧情绪主导下，涉罪未成年人在描述案情时容易出现遗忘、混乱、模糊不清、前后不一致等情况，使得办案人员认为涉罪未成年人的认罪悔罪态度不好。面对这种情况，合适成年人可以向办案人员询问处理同类型案件时取得过的较好的结果，鼓励涉罪未成年人积极配合办案人员讯问，对自己负责，为自己争取最好的处理结果。另外，合适成年人也可以向涉罪未成年人介绍和澄清国家对未成年人犯罪主要采取教育挽救而非惩罚的理念和政策，使他们了解自身的优势和重新回归社会的无限潜能，从而帮助涉罪未成年人缓解对法律处理方式的恐惧情绪。

21. 若办案人员对涉案未成年人的回答进行选择性记录，导致笔录内容缺少，合适成年人应当如何处理？

遇到这种情况，合适成年人可及时提醒涉罪未成年人或者办案人员，增加笔录内容。

在一次讯问中，涉罪未成年人供述自己盗窃被害人宿舍两台电脑的原因是报复被害人之前偷了他六千元钱但无证据证明，办案人员却对涉罪未成年人进行主观价值判断，认为涉罪未成年人借住在被害人宿舍，却如同“农夫养的蛇”，报复之说没有任何根据，因而在笔录中并无涉及涉罪未成年人所说的报复原因。

通常情况下，涉罪未成年人会先对笔录内容进行检查，确认无误后才会签字。如果涉罪未成年人发现笔录中缺少了重要内容，可以直接申请增加。若涉罪未成年人未发现笔录内容缺少，而合适成年人在检查笔录内容时发现涉罪未成年人所供述的一些与案件相关的重要内容未被记录其中，则可以直接向办案人员提出增加笔录的要求。

22. 若办案人员未耐心等待涉案未成年人及合适成年人完整看完笔录，便催促签字，合适成年人应当如何处理？

遇到这种情况，合适成年人可以向办案人员进行如下解释：一是因为大多数涉罪未成年人受到文化程度的限制，阅读速度较慢；二是因为涉案未成年人及合适成年人对法律权威的敬畏，明白每一个签字都承担着法律责任，所以导致对笔录会逐字逐句认真阅读；三是因为涉罪未成年人明白了犯罪后果的严重性，通过认真阅读笔录来反省自己的过错，并传递良好的认错态度。

另外，阅读笔录也是涉案未成年人及合适成年人应当享有的权利，不应被办案人员剥夺，所以出现这种情况时，合适成年人可以直接提出予以阻止。

23. 若办案人员不同意修改笔录，合适成年人应当如何处理？

当涉案未成年人或合适成年人提出笔录内容记载不全面或不

准确，提出修改意见时，若办案人员拒绝修改，合适成年人可以当时将问题提出并告知办案人员的上级领导，以确保问题在当时得以合理解决。

24. 出现何种情况时，合适成年人应当拒绝签字？

办案人员提出请合适成年人帮忙补签笔录或相关的法律文书时，合适成年人可以以不在现场为由拒绝签字。

25. 在讯问、询问结束后，合适成年人还需要做哪些工作？

讯问、询问工作结束后，合适成年人需要与办案人员协商，在办案人员准许并在场的前提下，合适成年人可以与涉案未成年人进行交流。在交流中，合适成年人可以针对涉案未成年人在讯问过程中表现的负面情绪进行进一步疏导，也可以根据合适成年人对涉案未成年人的需求进行的初步评估，与涉案未成年人展开讨论，并开展相应的帮教工作。

26. 合适成年人主要采取的帮教方式有哪些？

通常，合适成年人可以在简短的时间内，利用理性情绪疗法和自我探索历程法达到初步的感化教育效果。

理性情绪疗法是由美国临床心理学家阿尔伯特·艾利斯（Albert Ellis）所创立的。他认为人的情绪和行为障碍不是由于某一激发事件直接所引起，而是由于经受这一事件的个体对它不正确的认知和评价所引起的信念，最后导致在特定情景下的情绪和行为后果，亦称为 ABC 理论。A 代表诱发性事，B 代表个体对这一事件的看法、解释及评价即信念，C 代表因此事件而引起的情绪反应和行为结果。ABC 理论认为个体的不合理、不现实的信念是导致其情绪和认知障碍的根本原因。

自我探索历程法是由美国心理学家本·韦恩斯坦（Ben Weinsein）所创立。他主要强调自我了解程度对当事人未来的发展所产生的影响，越了解自己专长特性的人，越能发挥他的独特性。个人自我探索历程主要包括个人所关切的八个问题：面临冲突—考虑各种可能的反应—认清各种反应的性质—了解自己的特质—

衡量可能产生的后果—将其他可能性列入考虑—作评价—作选择。此外，他还指出，为了能够强化当事人独立判断的能力，也应注意了解自己与周遭环境的关系。

27. 如何将理性情绪疗法运用于涉罪未成年人？

很多问题的产生来自于涉罪未成年人对问题的看法，因此合适成年人需要运用专业引领性及影响性技巧，如对质、总结、自我披露等方式，协助涉罪未成年人自我反省，检视自己看待问题的方式，使涉罪未成年人对自己的个性、情绪和问题有进一步的了解，澄清和修正以前的非理性认知，建立更合乎实际的逻辑思维方式。具体而言，因时间限制，可以简化为如下三个步骤：一是在旁听讯问过程中，合适成年人可以按照“发生了什么事件—涉罪未成年人怎么看待这件事—涉罪未成年人的感受是什么”，明确涉罪未成年人的非理性信念。二是挑战涉罪未成年人的非理性信念，并与他讨论不调整这些认知可能付出的代价。三是以理性认知代替非理性信念，即让他意识到自己的非理性信念如何导致其产生负面情绪反应的，协助他以一种全新的视角看待事物。

28. 能否举例说明合适成年人如何正确运用理性情绪疗法？

在一次讯问中，涉罪未成年人虽认罪，但他多次反问司法人员“你想想，我为什么不打你，打他（指被害人）”，即他始终认为自己之所以犯罪是因为被害人有错在先，因被害人先侮辱性谩骂涉罪未成年人，涉罪未成年人由此产生愤怒情绪，从而殴打被害人，并对其敲诈勒索。合适成年人需要帮助涉罪未成年人明白，他在案发当时产生愤怒情绪是正常的，但他之所以会犯罪并不是因为被害人辱骂他这一诱发性事件，而是被害人先对他进行辱骂，他便可以通过殴打和敲诈勒索被害人的方式解气的这一信念导致犯罪行为的产生。在这种信念支配下，他下次再遇到类似的情况，还会采取同样的方式解决问题。在帮助涉罪未成年人理解他的非理性信念后，再通过理性信念取代非理性信念，从而达到教育效果。

29. 如何将自我探索历程法运用于涉罪未成年人？

“自我探索历程”主要包括以下八个对涉罪未成年人的自我提问：(1) 我现在面临什么情境？即因涉嫌犯罪而接受司法人员的审讯情境。(2) 我该如何反应？这情境有何特殊之处？有何普通之处？即实施犯罪行为以后涉罪未成年人需要面对的公安机关、检察机关、法院的审讯环境有何特殊和普通之处，以及涉罪未成年人应该如何面对。(3) 这些反应对我有何影响？即涉罪未成年人的反应对自己以后生活产生的影响，可以延伸为对国家、社会、办案人员、家人及被害人的影响。(4) 我有何特点？即涉罪未成年人自身的优缺点，如抗挫折能力、自我反思能力、自控能力的强与弱等。(5) 这一反应将会对我的一生造成何种影响？即涉罪未成年人对犯罪行为的认识程度和悔罪态度将对其一生造成何种影响。(6) 我可不可能允许自己再多考虑其他可能的反应？即涉罪未成年人思考除了消极应对，是否可以积极应对。(7) 如果我允许自己采取新的行为反应，将会有什么后果？即涉罪未成年人采取消极反应后，将会承担的相应后果是什么。(8) 现在我既然已有所选择，下一步我该采取哪些行动？即若涉罪未成年人选择积极反应后，如何落实到行动上去。

30. 在帮教过程中，合适成年人易发生的错误有哪些？

在帮教阶段，合适成年人的工作重点应是改变涉罪未成年人看问题的视角，发现自身存在的不足和优势，鼓励他规划未来的生活，并为之努力。但在这一阶段中，合适成年人容易发生这样的错误：一是过度关注犯罪事实本身而非解决办法，即合适成年人易忽略自己的帮教责任，充当“犯罪故事倾听者”，停留在犯罪事实表面，而不是帮助涉罪未成年人打开视角，从犯罪事实中发现背后行为问题产生的根源，并从根源处解决问题。二是给予涉罪未成年人无意义的承诺或安慰，如“你一定会好起来”，“时间会抚平一切伤口”，这会导致涉罪未成年人质疑合适成年人工作的权威性和专业性，也可能会导致涉罪未成年人对合适成年人产生不信任。

第四章　社会工作方法和技巧在合适成年人工作中的运用

一、社会工作方法在合适成年人工作中的运用

（一）社会工作的专业方法

1. 社会工作专业方法有哪些?

社会工作在西方国家两百多年的发展史中，先后形成了个案工作、小组工作、社区工作、社会工作行政、社会工作督导、社会工作咨询、社会工作研究等不同方法。其中，个案工作、小组工作和社区工作是社会工作传统且主要的三大方法，亦称为直接的社会工作方法，主要运用于直接面对案主的实务工作中。社会工作行政、社会工作督导、社会工作咨询、社会工作研究则并非直接向服务对象提供具体服务，具有行政功能，是一种间接的社会工作方法。在具体的实务操作过程中，社会工作者应根据案主自身不同的需求，考虑其所处的情境选择相应的工作方法。

2. 什么是个案工作?

个案工作是最早形成的社会工作专业方法，是其他专业方法的基础。对于个案工作的定义学者有不同的界定，但总的来说，个案工作主要有以下三个特点：一是工作的专业性，即由具备社会工作专业背景知识及实务能力的社会工作者运用专业知识与技巧为服务对象提供服务；二是服务形式为一对一，即一个社会工

作者的服务对象为一位案主或者一个家庭；三是个案工作的主要目的为促进服务对象社会功能的完善，即帮助服务对象减轻压力、解决问题，从而达到自身与社会的良性互动状态。简言之，在个案工作中，社会工作者与服务对象在建立彼此信任合作的和谐关系中，充分调动服务对象本身的潜能与积极性，运用其本身及外部资源，增进其解决问题的信心与能力，促进服务对象自身的成长。

3. 什么是小组工作？

小组工作也称团体工作，其与个案工作的主要区别在于小组工作是以集体的力量解决问题，即通过小组经验帮助服务对象解决问题、适应环境、促进成长。柯义尔（Grace Coyle）认为："小组社会工作是一种教育过程，通常由各种志愿结合的成员，在社会工作者的协助下，于闲暇时间内实施。其目的是通过个人人格的互动，以促进个人人格成长，以及为了实现共同目标，而促成小组成员间互动合作的集体行动，以创造小组的情境。"① 总之，小组工作通过社会工作者的协助小组成员的互动互助，使参加小组的个人获得行为的改变、人格的成长和社会功能的恢复与发展。

4. 小组的基本特征是什么？

小组的基本特征包含以下几点：

（1）小组成员为两人以上；（2）强调整体的改变，成员之间有共同需要实现的目标，如可按工作目标将小组划分为教育小组、兴趣小组、成长小组、治疗小组、社会化小组、互助小组等；（3）成员对小组均有认同感；（4）成员之间相互依存和相互影响，与个案工作相比，小组工作中服务对象的学习效果更加具体、快速而且更加行动化，且服务对象不仅仅从社会工作者身上

---

① 林万亿著：《当代社会工作：理论与方法》，五南图书出版股份有限公司，2006 年版。

得到帮助，也在与小组成员的互动中得到帮助；（5）形成特定的小组文化和氛围。

5. **什么是社区工作？**

社区工作既是一种基本的工作方法，也是一种促进社会变迁的重要途径。社区工作与个案工作和小组工作的主要区别在于其以整个社区为服务对象，关注社会制度与福利的完善和发展，通过社区组织与社区发展来干预社会问题，促进社会进步。斯佩奇（Brager Specht）和托齐纳（Torazyner）认为社区工作包括两个相关的过程：一是策划，即找出问题、诊断成因，也就是制订解决办法；二是组织，即发动群众和策划行动策略。[①] 相较于个案工作和小组工作，社区工作更宏观、涉及面更广、更侧重社会环境与制度的变迁。

6. **什么是社会工作行政？**

总的来说，社会工作行政属于管理范畴，它不仅受社会工作专业发展的影响，更受到政府公共政策的制约，因此社会工作行政的主要目的在于发挥政府福利工作的功能，促进社会福祉。按照所执行的社会政策的层次，社会工作行政可以划分为宏观社会工作行政和微观社会工作行政。前者指的是在较大范围内推行社会政策，常与政府行为有关，表现为政府的职能行为，是政府官员在一定范围内推行社会政策，指导、帮助、监督、检查、评估政策的落实情况的活动；后者指的是将社会政策转化为具体的社会服务的行政活动，常表现为社会福利机构的管理活动，相关部门落实政策将服务传递到服务对象手中。[②]

7. **什么是社会工作督导？**

社会工作督导，即通过定期的会谈与指导，资深社会工作者

---

① G. Brager, H. Specht, J. L. Torczyner （1987）. Community Organizing. Columbia University Press, p. 7.

② 朱眉华、文军主编：《社会工作实务手册》，社会科学文献出版社，2006年版。

帮助资历尚浅的社会工作者或实习生学习专业服务的价值观、知识和工作技巧，从而有效保证服务的专业品质。美国社会工作者协会出版的《社会工作百科全书》认为，“督导是社会工作专业的传统方法，通过这种方法把社会工作的知识和技术，由训练有素的社会工作者传授给新的社会工作者或实习生。”① 可以说，一方面，社会工作督导不仅是社会工作方法之一，也是社会工作者所在服务机构人力培养的一种方法。另一方面，即便是资深社会工作者，也需要通过社会工作督导不断丰富自己的知识，巩固自己的价值观念，一定程度上也避免了职业懈怠。

8. 社会工作督导有哪几种方式？

社会工作督导主要有以下三种方式：一是一对一方式的个别督导，即一位督导者与一位受督导者定期进行面对面的沟通、讨论、交流。在此过程中，督导者对受督导者进行具体、详细的指导，帮助受督导者学习如何解决现实问题，从而对社会工作专业知识理解更为深刻。这种方式适用于资料尚浅的社会工作者。二是一对多方式的集体督导，即一位督导与多位受督导者组成小组，定期举行小组讨论会，能促进社会工作者提高自我反思能力、提升工作能力、增强社会工作者的群体认同感和归属感。三是没有固定的督导者的同辈互动督导，即一个工作团体中的成员都以同等地位参与定期会议，共同讨论个案中遇到的问题与困惑，并分析问题产生的原因与可行的解决方案，该个案主要以社会工作者正在接手的为主，也可以是已经结案的成功或者失败案例。

（二）合适成年人工作中可以运用的社会工作专业方法

1. 合适成年人工作中主要运用了哪些直接社会工作专业方法？

在合适成年人的服务工作中，主要运用的直接专业方法为个

---

① 张乐天主编：《社会工作概论（第三版）》，华东理工大学出版社，2007年版。

案工作，即通过一个合适成年人对应一个涉罪未成年人、未成年被害人的个别化模式，运用个案工作相关知识和技巧与处于审讯阶段的服务对象进行面对面的交流，帮助服务对象平复情绪、唤醒能力，解决审讯过程中服务对象自身的问题，获得成长。

2. 合适成年人工作中主要运用了哪些间接社会工作专业方法？

合适成年人工作中运用的间接专业方法主要为社会工作督导，即督导者进行具体的指导和帮助，受督导者则通过自己的亲身实践更深刻地理解社会工作的价值观和技巧，促进问题的解决，为服务对象提供有力支持，并进一步实现自身专业的成长和发展。

此外，合适成年人工作本身也是社会工作行政的体现，即落实修订后的《刑事诉讼法》中关于合适成年人的工作，切实保障未成年人权益，将社会法律政策转化为具体的社会服务的行政活动。

3. 个案工作中常用的基本技术有哪些？

个案工作中较常用的技术是会谈、访视与记录。会谈贯穿于个案工作全过程，是社会工作者运用支持性技巧、引领性技巧和影响性技巧进行的直接交流。良好的会谈需要安静、舒适的环境，社会工作者也要把握好时间，一般以 45 分钟到一个小时为宜。每次会谈前社会工作者需要提前准备，并在开始阶段以一些开放式问题作引导，并对服务对象做出积极的反馈与鼓励，帮助服务对象轻松并逐步地释放信息。中间阶段社会工作者要围绕核心话题深入下去，并运用相关技巧影响服务对象作出改变。最后阶段要对会谈加以适当总结与评估，确定下一次会谈的主题。①

访视是指社会工作者探访与服务对象有关联的人物和情境，

---

① 朱眉华、文军主编：《社会工作实务手册》，社会科学文献出版社，2006 年版。

人物包括服务对象的家人、朋友、工作伙伴等，情境则包括学校、居住社区、工作单位等，通过与相关人物的访谈和情境的调查，补充服务对象信息，更全面、清晰地了解服务对象的问题产生的根源和改变的有利因素。

记录和会谈一样，贯穿整个个案工作过程。记录是指应尽可能将社会工作者从第一次与服务对象接触开始的每一次会谈和访视后获取的所有信息和工作过程，以及社会工作者的分析与反思及接下来的工作安排有条理地保存下来。

4. 合适成年人工作中常见的基本技术有哪些?

合适成年人工作中常用的基本技术是会谈，合适成年人会谈的基本内容与个案工作并无明显差异，且会谈目的明确，即寻找涉罪未成年人犯罪背后的原因并有针对性地进行帮教。与个案工作不同的是，会谈并不是在司法社工与涉罪未成年人共同创造的氛围中进行，而是在严肃审讯的环境下，而且合适成年人工作中采用的会谈不是一对一形式的充分交流，而是在审讯开始前、审讯过程中出现问题时和审讯结束后的短暂时间内展开的简单交谈。

5. 个案工作的基本原则有哪些?

贝斯提克（Felix Biestek）在《个案工作关系》一书中提到了“个案工作关系”的定义是“有目的地协助案主达到个人与环境较佳的调适的一种个案工作者与案主之间，在态度与情绪上的动态互动”。而对这互动，他也提出了七大原则：个别化、有目的的情感表达、有所控制的情绪涉入、接纳、非判断的态度、自决、保密。①

（1）个别化原则是指根据每一个服务对象的具体情境、人格特点和不同需要，灵活运用社会工作方法和技巧去提供适当的服务，让服务对象体会到社会工作者对其独特性的尊重。（2）有目

① 顾东辉主编：《社会工作概论》，复旦大学出版社，2008 年版。

的地表达情绪原则是指社会工作者应当对服务对象表达情绪和感受的需要予以重视和认可，社会工作者需用心倾听，适当地给予回应，并有目的地以关怀和尊重的态度帮助服务对象把这些情绪和感受表达出来。(3) 有所控制的感情投入原则是指社会工作者把自己带入服务对象的经历、处境、思维、感知、价值观和情绪中，给予服务对象真诚关怀的同时做到抽离于上诉情境而不是把自己完全陷入其中。(4) 接纳原则是指社会工作者应当尊重服务对象的人格尊严和价值，相信每个服务对象都有能力去提高生命质量，都值得帮助。(5) 不批判的态度是指社会工作者应对服务对象的观点和态度保持客观、中立，不加以是非对错的评判。(6) 自决原则是指社会工作者应协助服务对象对自己的事做出选择和决定，而不是替服务对象选择和决定。(7) 保密原则是指社会工作者不能把从专业关系中获取的有关服务对象的资料向其他人透露。

6. 合适成年人工作的基本原则是什么？

合适成年人工作的基本原则与个案工作的基本原则相同。值得一提的是，合适成年人虽然不会对涉罪未成年人的对错及其在自身问题上需要承担的法律责任等方面作任何评判，但会对服务对象的行为、价值观、态度和道德标准等作出分析和评估，以便加强帮教工作的针对性。

（三）合适成年人工作中如何运用个案工作方法

1. 个案工作的具体过程是什么？

个案工作过程主要是社会工作者透过一连串的工作程序来提供案主协助或服务。对于个案工作的具体过程，不同学者有不同的划分，按照工作的时间顺序将个案工作的过程划分为三个阶段：一是初期阶段，包括申请和接案、收集资料；二是中期阶段，包括评估需求、选择服务计划、实施服务计划；三是结束阶段，包括结案和评估工作效果。根据合适成年人服务工作的特点，如涉罪未成年人均为非自愿性质的服务对象，且处于法律监管下，因此合适成年人工作程序需进行适当调整。

2. 个案工作中的申请和接案指什么?

申请是指服务对象前来求助，期望获得专业的辅导以帮助其解决所面临的问题。接案指社会工作者通过与服务对象的初步会谈，了解求助事项的内容及问题，依据机构及社工自身能力进行判断，或者提供相关方面的资讯及安排适当的其他社会工作者或机构来处理。

接案阶段的重要工作是与服务对象建立良好的专业关系。其中，初次见面的会谈对专业关系的建立影响很大，社会工作者要注意事先做好充分准备，面谈时注重以尊重、真诚、热情的态度对待服务对象，多运用同理心技巧获得服务对象的认同，并适时展现自身的专业技能，让服务对象在被接纳、理解的同时，感受社会工作者的相应能力，从而有利于专业关系的建立。[①]

3. 如何将申请和接案运用于合适成年人工作中?

申请即审讯人员对合适成年人提出服务需求。接案指合适成年人在接受申请时向办案机关的人员了解涉案未成年人的基本信息及自然情况，以避免工作不便或促进服务的顺利开展。

在审讯开始前，合适成年人先行与涉案未成年人进行自我介绍和初步沟通，试图建立信任的专业关系，以保障在审讯过程中，合适成年人能够最大化发挥其服务职能。

4. 个案工作中收集资料的方式有哪些?

正式接案后，社会工作者要进一步收集与服务对象问题相关的资料，以便全面、细致地了解案主的需求与问题。

通常，社会工作者主要可以透过以下三种方式去收集资料：一是直接与服务对象本人面谈获取直接资料。通过这种方式可以获取服务对象本人的需求，以及他对问题的看法与感受，更能挖

① 朱眉华、文军主编：《社会工作实务手册》，社会科学文献出版社，2006 年版。

掘问题背后的原因。二是跟服务对象的家人或重要关联人会谈获取资料。可以在与家人、朋友、老乡、工作伙伴、邻居等服务对象有关联的人群中获取关于服务对象的间接资料，有助于社会工作者形成对服务对象的全面认识，但需要注意保密和保持中立的价值观。三是直接观察服务对象所处的问题产生的可能情境。例如，服务对象学习过的学校、居住过的社区、工作过的单位等，了解其所处环境对服务对象可能产生的影响。

5. 合适成年人工作中收集资料的方式和目的有哪些？

合适成年人一般通过三种途径收集资料：一是通过审讯人员了解涉案未成年人的基本信息及自然情况；二是通过涉案未成年人的非语言信息了解其情绪情感状态及变化情况；三是通过涉案未成年人的语言信息了解其性格特点、认知情况、行为习惯等。

合适成年人收集资料的主要目的是更加全面深入地了解涉案未成年人，为其提供更完善、更有针对性的服务，以保障涉案未成年人的个人权益。

6. 什么是时间线？

时间线，是指在一个指定时间范围内按照时间顺序以简写的方式来反映重要事件或者经历的简单表格。使用时间线是组织信息的一个有效办法，合适成年人可以充分利用时间线，帮助自己更好地掌握涉罪未成年人的信息。时间线主要包括两种：一是“重要事件时间线”，它为概括重要的或者有意义的经历提供了机会；二是“问题时间线”，它提供了一种找出某个特定问题的根源的办法。此外，还有“关系时间线”和“成功时间线”，前者可以提供关于个人、家庭或职业关系中的关键时期的图解式；后者可以帮助记录成就、胜利、获得的奖励或类似的事件来找到动力。所有类型的时间线都是可以想象出来的。甚至可以将时间线延伸到未来，通过想象或预测一些重要的、可能发生的对人生有重大意义的事件、时刻或经历。[①] 社会工作者可以通过服务对象的时间线对服务对象一生的重要经历进行概括，也为具体服务过程提供了重要信息。

7. 能否举例说明时间线在合适成年人工作中的运用？

在一起诈骗案件中，合适成年人准备了一个初步的基于涉罪未成年人 L 提供的信息的“重大事件时间线”，如表 1 所示。

表 1　L 重大事件时间线

1996 年 3 月	四川省出生
1998 年	父母离异
	不知母亲是谁，父亲脾气暴躁，经常打骂 L
	父亲有过卖 L 来买车的念头
	姑姑远嫁
2003 年	父亲去广东省打工
2009 年	从小带大自己的爷爷去世
2011 年	初中毕业
	老家房子坍塌
	因工作问题多次与父亲争吵
2012 年 9 月	独自到成都打工
	在网络上倒卖黑号
2013 年 2 月	春节回家与已当包工头的父亲发生激烈争吵，父亲提出断绝父子关系，L 携带一千元现金离家回到成都，并与父亲失去联系
2013 年 4 月	因工作辛苦，辞去工作

① ［美］Barry Cournoyer 著，朱孔芳、杨旭、丁慧敏译：《社会工作技巧手册》，华东理工大学出版社，2008 年版。

续表

	被“月入过万”的诈骗团伙广告吸引并加入其QQ群
	观察学习诈骗的具体操作过程
2013年5月	第一次实施了网上诈骗行为
2013年6月至7月	多次实施诈骗行为
2013年8月上旬	因涉嫌诈骗被四川警方拘留
2013年8月下旬	转至北京市看守所羁押

从表1可以看出，涉罪未成年人的家庭结构不完整、父子关系不融洽，爷爷的离世减弱了其对家庭的情感依恋；社会交往情况单一，多数闲暇时间在网络上；吃苦耐劳能力较弱，存在不劳而获的侥幸心理。

8. 个案工作中的评估需求指什么？

在就服务对象“个人—问题—情境”的相关问题收集了大量信息后，社会工作者需要以帮助服务对象为目的，对已出现的问题性质、成因、程度进行分析，分析相关人士和情境与涉罪未成年人之间如何相互影响，并挖掘服务对象可利用的优势与资源，这便是个案工作中的评估需求。社会工作者能够理解信息，才可以锁定工作的努力方向，为服务计划的制订建立明确基础。值得注意的是，评估需求是一项不间断的持续工作，而不是一蹴而就的结果。在与服务对象共同努力的过程中，评估需求的改变有时候是经常的，需时刻保持“人在情境中”的想法和假设。

9. 如何将评估需求运用于合适成年人工作中？

在评估涉罪未成年人需求的时候，合适成年人需要根据实际情况及时进行调整，因为每次审讯内容大致相同，但涉罪未成年人可能产生的突发状况不同。例如，初期评估可能为及时抚慰情绪的需求，中期评估可能为提高监禁环境适应能力的需求，后期评估可能为改变内在认知的需求。即使在一次审讯过程中，涉罪未成年人的需求也可能随时变动、扩增。

10. 个案工作中的选择和实施服务计划指什么？

选择服务计划是指社会工作者重新陈述服务对象的问题后，协助服务对象列出与问题相关的其他问题，按照主次关系、时间的紧迫程度和情境的迫切性排列解决问题的优先次序，根据服务对象的能力与所处情境，明确服务对象所期望达成的目标，再依据目标选择服务计划，制定相应的可操作性与针对性步骤，并准备突发事件的预案。

实施服务计划是指按照预先设想的步骤实施服务计划。一是密切关注计划的进展状况，并随时根据实际情况予以适当干预；二是检查服务计划中各自角色的扮演情况，尤其是社会工作者是否通过适当的角色功能引导服务对象增强力量、修正环境与拓展资源；三是如果服务计划实施的不顺利，社会工作者需要与服务对象共同探讨原因，修改或重新拟定服务计划。

11. 如何将选择与实施服务计划运用于合适成年人工作中？

合适成年人工作作为法定代理人无法到场的替代形式，通常无法确保每次为未成年人提供服务的一定为同一名合适成年人，也无法确定合适成年人会参与该未成年人的全部诉讼活动，由于合适成年人工作的非固定性，选择与实施服务计划则集中在一次服务中。

未成年人在讯问过程中呈现的需求通常比较明显、明确，所以尽管合适成年人工作的时间和环境条件有限，合适成年人仍然能够针对需求及时地选择与实施服务计划。

例如，在一次讯问过程中，合适成年人对涉罪未成年人初步评估后，按照优先次序列出其需要处理的三个主要问题：

（1）对讯问人员提及的“人大代表”、“政协委员”、“政治面貌”等词汇不了解；

（2）对自己的权利义务模糊不清；

（3）身体健康状况出现问题。

根据以上问题，合适成年人制定了以下服务计划：

（1）协助未成年人要求讯问人员解释对一些词汇缺乏认知的情况，并向讯问人员索取简单易懂的名词解释，以便于未成年人了解问题内容，然后做出回答；

（2）合适成年人协助该未成年人了解自己的权利义务告知书中所提到的内容，帮助未成年人解答疑惑，以确保该未成年人正确行使自己的权利及履行相应义务；

（3）关心涉案未成年人的身体健康状况，对其出现的问题进行详细询问，帮助该未成年人向办案人员诉说自己面临的危机，从而讨论和决定可行的解决办法。

12. 个案工作中的结案指什么？

结案是个案工作过程的最后步骤，意味着社会工作者与服务对象专业关系的结束，也意味着服务对象的问题已经解决或者已经有能力应付自身的问题，不再需要社会工作者的协助。结案也有可能因为某些特殊原因（如法律原因、社会工作者离职、服务对象患病中断服务等）无法达成个案工作的目标，社会工作者必须结束与服务对象的专业关系。

结案并不代表社会工作者不关心服务对象了，为了避免服务对象可能出现的情绪波动，社会工作者可与服务对象一同回顾整个工作过程，对服务对象的转变与努力着重肯定，适当予以鼓励，增进服务对象独自解决问题的信心。同时也与服务对象分析今后可能面临的困难，适当给予建议和教育。此外，社会工作者应提前一两次告诉服务对象结案的时间与安排，让服务对象有所准备。

13. 如何将结案运用于合适成年人工作中？

合适成年人的工作一般为单次服务，所以与个案工作不同，合适成年人需要在单次服务的尾声进行结案处理。

首先，合适成年人需要告知涉案未成年人下次为他提供服务的合适成年人未必会是同一人，使涉案未成年人具有心理准备。

其次，合适成年人可以就涉案未成年人在审讯过程中的表现进行反馈，对其表现出的积极态度与反应进行肯定，并予以适当的鼓励。另外，合适成年人还可以帮助涉案未成年人确认尚未处理解决的问题，协助未成年人制定目标，鼓励涉案未成年人今后按照原来的既定目标和实施步骤有效解决问题并进行自我帮助，增加他今后独立面对问题的信心，也可给予适当的建议和忠告。最后，合适成年人可以向涉罪未成年人寻求反馈意见，可以这样说："我为你提供的支持和服务，不知是否对你起到了帮助的作用，如果你有什么想法或者建议，希望你能够指出告诉我。"通过这种方式可以促进合适成年人专业能力的提升和发展。

14. 个案工作中的评估工作效果指什么？

在个案工作结束后，需要集中精力将个案工作的过程进行全面总结、评估并撰写评估报告，内容包括接案日期、服务对象基本情况、预定达成的目标、服务计划的完成情况（包括已取得的成果以及未解决的问题和未实现的目标）、社会工作者的反思等。报告的撰写是对工作的交代，即利于社会工作者从"局内人"跳到"局外人"视角去发现自己工作过程中存在的问题，促进今后工作的开展和完善，也利于机构检测社会工作者的工作成效。

15. 如何将评估工作效果运用于合适成年人工作中？

合适成年人工作结束后，最好也能够撰写总结与评估报告。报告主要围绕合适成年人工作的具体内容展开：一是有关服务的基本信息，包括涉案未成年人姓名、性别、年龄、籍贯，讯问的日期、时间、地点，办案人员姓名等。二是合适成年人在服务中参与的内容及签字的材料，如讯问、权利义务告知、逮捕通知、延长拘留通知、鉴定通知等。三是合适成年人履行其主要义务的具体过程。除监督和沟通义务外，情绪抚慰和帮助教育可以结合起来，按照个案工作的具体过程实施及记录。四是涉案未成年人和审讯人员对合适成年人工作的满意度及建议。五是合适成年人自述在工作中遇到的未解决的问题和困惑，包括工作中出现的错误及更正意见。

二、社会工作技巧在合适成年人工作中的运用

（一）建立专业关系的相关技巧

1. 社会工作基本技巧有哪些？

社会工作技巧是一套规定性的独立、具体的有关行动的知识，它把知识和价值组合起来，并把它们转换成一种对关注和需要做出的及时反应。它不仅反映了社会工作者的价值观和职业操守，也反映了社会工作者的知识储备和实务工作能力。在一定的服务情形中，高效的社会工作者所选用的技巧的范围很广，但总的来说，包括两种基本技巧：一是建立专业关系的技巧。社会工作者为了促进专业关系的建立，需要掌握一定的专业技能，运用专业技巧去营造一种安全、温暖、开放、接纳的氛围，使服务对象敞开话题，从而使服务能够按计划有序进行。二是会谈技巧、主要包括支持性技巧、引领性技巧、影响性技巧。

2. 建立专业关系的技巧有哪些？

良好的专业关系是工作取得成效的前提和保证，专业关系的建立主要包括两个因素：一是达成相互信任的人际关系，二是确立这种人际关系的专业性。张乐天认为：社会工作者欲与服务对象建立专业关系，需掌握三方面技巧：（1）让服务对象确信社会工作者的能力，相信与社会工作者建立专业的助人关系是安全的；（2）社会工作者要设置一个相对便利的、安全的环境；（3）社会工作者要掌握较好的聆听技巧和提问技巧。① 朱眉华则认为：语言与肢体语言、积极的倾听、同理心这些实务基本技巧

---

① 张乐天、徐玲等编著：《社会工作基础知识》，上海社会科学院出版社，2003年版。

对专业关系的建立非常重要。①

总的来说，建立专业关系的技巧主要有四类：一是运用语言与非语言信息，营造温暖、轻松的氛围，消除服务对象的紧张、不安乃至恐惧情绪。二是运用倾听技巧，表达真诚、尊重和关注，鼓励服务对象自由表达。三是运用同理心技巧，站在服务对象的角度去感受他的想法和感受。表达对服务对象的理解，增加服务对象对社会工作者的信任。四是运用自我披露技巧，积极主动引导服务对象自我反思，深化对问题的探索。

3. 在合适成年人工作中如何运用语言信息？

合适成年人通过审讯人员介绍或者根据涉案未成年人的直接表现会大致了解涉案未成年人的基本情况，然而涉案未成年人面对的合适成年人却是完全陌生的。涉案未成年人面对合适成年人，可能会想：他是谁？他为什么来这里？他在这里要做什么？他知道我的事情会怎么样？合适成年人需要通过自我介绍解答涉案未成年人的疑惑。在简短的自我介绍后，合适成年人应通过自身语言信息，向涉案未成年人表达接纳和关怀。

语言信息包括合适成年人选用的词汇、语音、语调、语速等，这些都会给涉案未成年人很大暗示。首先，在词汇和短语的选择上，合适成年人在与涉案未成年人的初次接触中，需要使用他们容易理解的词汇和短语，但避免使用“好”、“正确”这类通常可以传达支持和鼓励的词汇，因为这些词汇会给涉案未成年人暗示合适成年人在对其作出评价。合适成年人可以站在涉案未成年人角度思考“如果你没有很详细地了解我，就对我和我的行为作出正面的判断，那你是不是也会很容易对我作出负面的判断？”或者涉案未成年人会产生“这一点上你认可我，我最好不要暴露出任何让你不认可的事情，我还是少说话，把问题留给我自己解决吧。”对于涉案未成年人而言，所有对人的假设、推断、推测、

① 朱眉华著：《社会工作实务》（上），上海社会科学院出版社，2003 年版。

标签，即使是正面的也存在危险，特别是在人际关系建立的早期阶段，会很大程度地影响关系的建立和稳固。合适成年人需以亲切的声调，尽量采用涉案未成年人的所提出的形式，避免使用推测性的和复杂的词汇，尽量使用描述性的和简单的词汇，且为了便于理解，每个句子不宜太过冗长和复杂。

其次，在语调和语速的选择上，合适成年人尽量采取一种适中的说话方式和语速。合适成年人的主要目的是通过谈话和语言来表达对涉案未成年人所说的话有兴趣，消除涉案未成年人的不安。但是合适成年人有时也需要加快或减慢语速来配合涉案未成年人的速度。例如，合适成年人可能故意减慢语速来调整一个语速过快的涉案未成年人或者审讯人员的说话速度。

4. 在合适成年人工作中如何运用非语言信息？

人类的许多交流是非语言的。合适成年人需要敏锐地意识到非语言信息所具有的丰富内涵，如站姿、坐姿、面部表情、眼神接触等所代表的意义。在审讯过程中，很多涉案未成年人不敢直接表达自己的疑问，而是采用沉默代替，但是他们往往会通过非语言信息传递出他们的困惑或不满。合适成年人需要仔细观察并了解其表现背后的需求，及时地予以帮助。

保持非语言信息与语言信息的一致性。若以不一致的方式来表达，会引起涉案未成年人的误解或者困惑。例如，合适成年人双手抱于胸前、目光非平视涉案未成年人，却告诉涉案未成年人“我来这里的主要目的是保护你”，两者的不一致会让涉案未成年人怀疑合适成年人的真诚度。合适成年人需要肢体语言配合口语信息，用十分肯定的态度传达“保护未成年人”的真诚，并且让涉案未成年人相信合适成年人能够做到“保护我”的权威。而保持语言与非语言信息的一致性需要做到以下几点：

首先，合适成年人需要采取开放的或者接受的身体姿势。如果站立，合适成年人的手臂和手掌要轻松地放在身体两边，且面对涉案未成年人。如果坐着，手掌自然的放在膝盖上，身体略微前倾，向涉案未成年人传递温暖、热情、真诚。手臂交叉抱于胸前、放在脑后或者插在口袋里都显示出不专心或者不尊重的姿态。双腿晃动、来回踱步、背对涉案未成年人、频繁看手机或手表、敲打手指等都是漠不关心或者不耐烦的表现。身体瘫在椅子中、双手撑头部表示疲惫或者不感兴趣。这些姿态只会增加涉案未成年人的不安和不自在。

其次，合适成年人需要采取适当的眼神接触和面部表情。在中国文化中，眼神接触是被认为是坦诚、尊重的表现，但须注意的是，眼神接触不同于盯着或瞪着涉案未成年人，而是在审讯过程中，用关切的眼神地望向涉案未成年人的眼睛或稍下位置，同时保持自然的神情或微笑、讲情理的姿态，必要时可点头赞许，用这些肢体语言传达“我在认真倾听你说话，并且我能理解你”的信息。

最后，合适成年人需要保持适当的空间距离，此距离以涉案未成年人感到安全为标准。在任何情况下，每个人都有一个属于自己的空间，人际交往只有在这个允许的空间限度内才会显得自然和安全。合适成年人与涉案未成年人之间需要保持安全的社交距离，且最好处于审讯人员与涉案未成年人之间、偏向涉案未成年人的位置。

5. 能否举例说明如何运用非语言信息？

在一次讯问中，审讯人员讯问涉罪未成年人与一名三十余岁的男性是什么关系时，涉罪未成年人的回答很简单：“男女朋友”，但是她明显降低了语调、眉毛微皱，且眼神流露出戒备和紧张。审讯结束后，合适成年人询问她是否在回答这个问题时还想到了其他信息，涉罪未成年人说：“我和你们这类人不一样，你们眼中‘90后’这不好、那不好，可能会觉得我和那个人恋爱不对，但是喜欢就好了，他对我也很好。”合适成年人随后就这个话题表达了对涉罪未成年人的理解和尊重，从而与涉罪未成年人建立了良好的专业关系。这个案例告诉我们，合适成年人如果能够仔细观察涉案未成年人非语言的间接信息，寻找非语言信息中发生变化的地方，很可能就会发现涉罪未成年人内心受压抑无法直接而充分表达的强烈情感诉求，从而有利于工作的有效开展。

6. 在合适成年人工作中如何运用聆听技巧？

对大多数涉罪未成年人而言，他们犯罪并非出自本心。很多家庭结构不完整、家庭支持薄弱的未成年人过早进入社会，在社会生活中寻求家庭缺失的慰藉，在寻找的过程中迷失了自我。他们往往渴望有人能够走进他们，并且真正了解他们、接纳他们、理解他们。合适成年人即使不能够为他们做什么，但仔细聆听已经是尊重、接纳和爱的表示，这对涉罪未成年人来说，已经很重要了。

聆听的技巧包括倾听和接受涉案未成年人的表达，观察他们的手势和姿势。优秀的聆听需注意三点：首先，减少对自己的注意力，将全部精力集中于涉案未成年人身上。很多合适成年人不是很好的听众，往往更加关注自己的想法和感受而忽略了涉案未成年人传达的信息。例如，在一起贩毒案件中，合适成年人因为自己的好奇，过度关注于涉罪未成年人的吸毒经历而忽略涉罪未成年人的其他信息，比如他在描述吸毒经历中透露出自己在家庭中微弱的存在感和对父母的期待。有效的聆听应是完全集中于涉案未成年人所说的每一句话，即使他们所说的话可能漏洞百出、矛盾重重，也要试着去了解背后真正想表达的意义。

其次，接纳涉案未成年人的全部，抑制自己的评论。合适成年人必须克制自己的评论和行为，摒弃自己固有的刻板印象或固有倾向。尤其是对于一个经验缺乏的合适成年人，在初次工作中，接触到弱势的涉案未成年人，很可能产生强烈的动机去帮助他们，进而太急于提出解决之道；也有可能难以接受他们的价值观，太急于对他们下结论。合适成年人必须避免由于评价、批评、比较等造成的选择性聆听，应该是完整、仔细、认真地聆听。

最后，合适成年人需用眼睛去聆听，试着去观察非语言信息所显示的精神状态和情绪。涉案未成年人不会主动表达他们的目前状态、感受、情绪等，因此合适成年人应该尽量通过细心的观察以了解非语言信息所代表的含义。

7. 在合适成年人工作中如何运用同理心技巧？

同理心指合适成年人设想仿佛自己就是涉案未成年人，进入并了解涉案未成年人的内心世界而又不迷失自己的一种技术和能力。合适成年人需要融入涉案未成年人，感同身受地体验涉案未成年人的感觉与想法，然后用自己的话语，将自己的体验传递给他们，引领他们审视内在的感觉与想法，进一步了解自己。同理心技巧包含初层次同理心和高层次同理心，合适成年人运用同理心技巧时，必须根据涉案未成年人的自身情况，以及与他关系建立的程度来决定使用初层次同理心或高层次同理心。

首先，初层次同理心是指合适成年人回应涉案未成年人自我陈述或是回答审讯人员问题提供的信息，并且让涉案未成年人知道“我了解你的感受，也理解你的成长经历与犯罪行为”。初层次同理心技巧适用于关系建立初期。其次，高层次同理心即不仅要了解涉案未成年人自我陈述或是回答审讯人员问题提供的信息，同时也要了解他所隐含的，或是没有表达出来的意思。合适成年人使用高层次同理心技巧时，回应的内容是涉案未成年人叙述中“隐含”的感觉与想法。高层次同理心技巧不但传递合适成年人对涉案未成年人的了解，同时也协助涉案未成年人了解自己未知或逃避的部分。高层次同理心技巧适用于整个工作过程，以及与涉案未成年人已建立良好的专业关系之后。因为高层次同理心技巧有助于涉案未成年人了解自己未知或逃避的感觉与想法，除非他与合适成年人之间已有良好的信任关系，否则合适成年人回应的内容容易引发涉案未成年人的心理防卫。

8. **同理心回应的要素有哪些？**

根据拉吉[①]的阐述，再结合合适成年人的实际工作经验，同理心回应的因素应包括：

一是涉案未成年人的表露，即合适成年人积极倾听涉案未成年人对审讯人员关于犯罪事件、人物或情况的回答和反应。此外，合适成年人需要考虑涉案未成年人表露出来的自身面临的困难（如居住条件差且不稳定、工作机会缺失等）或展现出的优点（如乐观的态度、对未来有规划等）。

二是行动因素的确认，即合适成年人倾听涉案未成年人的陈述并确认促成表露涉案未成年人情感的言行。例如，涉案未成年人透露自己在监禁环境里会看一些书籍，并感觉到这些书籍对他性格产生了影响。如果合适成年人再从外部给予他肯定的力量，涉案未成年人会透露更多自己对书籍内容的感悟以及由此衍生的其他信息。

三是过程要素的确认，即合适成年人要思考涉案未成年人的话语，并且在心中给他表露出的重要想法和情感主题贴上标签。这里的标签不是负面性质的刻板印象或固有倾向，而是有的时候为了不妨碍审讯过程顺利进行，合适成年人并没有恰当的时机及时回应涉案未成年人，只有通过及时的标签记录，才能在短暂的时间内更好地找到后续对涉案未成年人进行帮助教育的切入点。

四是核心的关注，即合适成年人需要从涉案未成年人行动和过程要素中确认对他而言最重要的是什么。例如，在一次讯问中，涉罪未成年人对自己的违法行为避而不谈，而是一直问及母亲与妹妹的生活情况，也多次问及自己能否申请取保候审，这种情况下，合适成年人需要关注涉罪未成年人对以上两种问题迫切关心的内在需求，从而判断二者哪个更为涉罪未成年人关注。

---

① Ragg D. Mark. Building Effective Helping Skills: The Foundation of Generalist Practice. Allyn & Bacon, Incorporated, 2001.

五是确认与探索，即合适成年人了解涉罪未成年人明显的问题后，将问题公开化并解决它。需注意的是，合适成年人不要对涉罪未成年人过去的经历和犯罪事实进行判断，应给予希望与肯定，鼓励他们去改变人生。

9. 合适成年人在表达和聆听中易犯的错误有哪些？

一是以一种让涉案未成年人感激似的不平等态度开展工作，很容易使涉案未成年人产生抵触情绪，从而影响信任关系建立。二是使用不连贯的、见缝插针式的提问方式，不仅影响了正常的审讯过程，也打乱了涉案未成年人的思维，激起他的防卫心理。三是生搬硬套法律术语或是专业术语，增加涉案未成年人的心理负担。四是无法专心聆听全过程，如合适成年人精神疲惫、犯困或者走神等。五是没有引导涉案未成年人自我反思，过早提供建议或解决办法。六是用主观臆断的表达方式，过早下结论。七是信任关系没有建立好就急于得到涉案未成年人的接纳，会让涉案未成年人感觉合适成年人仅仅是形式工作，而非真心帮助，增加涉案未成年人的反感情绪。八是给予涉案未成年人不切实际的承诺或是无意识的话，如“放心吧，你一定能取保候审”、“你怎么能这么做”。九是过早或不适当地披露自己的感受、观点或者经历，难以让涉案未成年人相信，从而使涉案未成年人降低信任感。

（二）会谈的相关技巧

1. 合适成年人工作中的会谈技巧有哪些？

合适成年人与涉案未成年人沟通时所用到的技巧可以分为三类：一是支持性技巧，指的是合适成年人需要让涉案未成年人感到被尊重、被理解、被接纳，从而建立信心的一系列技巧。具体技巧主要包括：引导式回应、开放式问题、封闭式问题、鼓励等。二是引领性技巧，指的是合适成年人引导涉案未成年人具体、深入地探索自己的经验、处境、问题、观念等技巧，增进合适成年人对涉案未成年人的认识和了解，协助涉案未成年人进行自我探索。具体技巧主要包括：澄清、情感反应、内容反应、聚焦等。三是影响性技巧，根据香港城市大学组编的《交往技巧的运用与分析》所述，这是一组对受助者的思想、行为、感受可能会产生有力影响的技巧，它可能会给受助者施加影响，促使其从新的层面去理解问题，或者采取其他方法去解决问题。运用这组技巧的前提是工作者与受助者已建立良好关系，对受助者的问题较为了解。① 这组技巧包括对质、自我披露、建议、教育、忠告、观点重构、演绎等。

2. 在合适成年人工作中如何运用引导式回应？

引导式回应给涉案未成年人一个机会来满足其言语方式，促进涉案未成年人更客观地了解自己，也是为了帮助合适成年人获取更加准确的信息而采取的提问方式。例如，“我听到你说的是……”、“我注意到……”、“你看上去……”、“你正在考虑……”、“我理解你的意思是……”② 等，这能够帮助合适成年人以更容易接纳的情绪开启对话，也能够帮助涉案未成年人继续对自己的表达进行思考。

3. 在合适成年人工作中如何运用开放式问题？

开放式问题是指允许涉罪未成年人以任何方式来回应问题，旨在让涉罪未成年人能够用自己的语言、自己的节奏详细说明自己的想法和感受，使其有机会更深层次地讨论问题的重要方面。开放式问题可以用谁、什么、为什么、在哪里、什么时候、如何等形式来提问。提问的同时也传达出了合适成年人对涉罪未成年人要说的话里哪里比较感兴趣。通常，办案人员会按照线性时间顺序来讯问涉罪未成年人，关注问题究竟是什么样，以要求回应

---

① 黄陈碧苑、廖卢慧贞、文锦燕著：《交往技巧的运用与分析》，清华大学出版社，2005 年版。

② ［美］帕梅拉·特里维西克著，肖莉娜译：《社会工作技巧实践手册（第二版）》，格致出版社/上海人民出版社，2010 年版。

的强硬方式措辞。而合适成年人更关注问题的提出是否得当，是否有助于达到建立良好关系的目的，所以问题主要以引出回应的方式措辞，如“今天你觉得怎么样”，“请告诉我你发生了什么事情好吗?”。

4. 在合适成年人工作中如何运用封闭式问题?

封闭式问题被认定为是一种诱出简单答案的方式，有时候答案只有“是”或“不是”，或者短短的几个字，如问一个人“你的名字?”、“你的家庭住址?”、“你的年纪?”、“你父母的名字?”、“你现在居住在哪里?”等。这种形式的提问在试图获取事实性的或细节性的信息时非常有用，尤其是在时间有限的情况下。有时候快速地收集特殊信息是很重要的，这也是办案人员讯问前期常用的方式。然而，对于司法社工而言，封闭式问题的作用利弊明显，需要谨慎运用。

在工作中，对于一些不善表达或不习惯在开放环境中轻易表露自己的涉罪未成年人，封闭式问题能够将问题聚焦进而开启谈话。然而，封闭性问题限制了对涉罪未成年人自由、充分的探索。同时太多的封闭式问题会让涉罪未成年人感觉自己像是研究对象或是调查对象，而不是接受帮助的对象，会使涉罪未成年人产生被质问、研究而不是会谈的感觉，认为司法社工与办案人员没有什么区别，导致其产生排斥心理，正在建立或已经建立的专业关系会受到影响。所以司法社工需要谨慎使用封闭式问题，可将封闭式问题转化为导引式回应，或是与开放性问题结合运用。

5. 合适成年人提问时需注意什么?

合适成年人的生活经历很可能和涉案未成年人的人生经历截然不同，如合适成年人从来没有接触过毒品、没有入室盗窃过、没有卖过非法器材等，所以合适成年人对于涉案未成年人的生活容易充满好奇，会很有兴趣去了解是什么激发他们走向犯罪之路。但是，合适成年人不能向涉案未成年人询问过多与工作无关的问题，过多的问题只会让合适成年人看起来是旁观者、审讯者或是研究者，而不是助人者。尽管合适成年人可能会对涉案未成年人“犯罪背后的故事”很感兴趣，但是应询问与助人过程有关的问题，而不相关且有可能伤害涉案未成年人情感的问题并不利于合适成年人与涉案未成年人沟通。

6. 在合适成年人工作中如何运用鼓励技巧?

鼓励技巧是指合适成年人通过恰当的语言和非语言信息让涉案未成年人继续表达他们的感受和看法的技巧，其主要目的是培养涉案未成年人表达的能力和勇气。运用鼓励通常包括两种形式：一是直接鼓励，即合适成年人可以用简单的肢体动作，如点头、微笑、用手示意、眼神专注等，以及简单的语言鼓励，如“恩”、“然后呢”、“请继续”等来传达关心、认真和肯定的态度。二是间接鼓励，即合适成年人引导审讯人员表达对涉案未成年人的鼓励和支持。

7. 在合适成年人工作中如何运用澄清技巧?

审讯人员面对涉案未成年人时也会运用澄清技巧，通常会要求他们明确“我们”、“他们”、“我的朋友”等这些词语包含的具体人物或是与案情有关的具体细节。合适成年人工作中的澄清技巧主要包括两类：

一是合适成年人引领涉案未成年人对模糊不清的陈述作更详细、清楚的解说，使之成为更明确、具体的信息。例如，在一次讯问中，合适成年人表达出愿意帮助涉案未成年人的意愿，涉案未成年人却对合适成年人说：“我们不是一类人，你们和我们这种人是两个世界的。”此时合适成年人可以针对这句话要求进一步说明：“你谈到我们不是一类人，听起来似乎你觉得我们之间差别很大，你对自己和我们有什么发现吗?”

二是合适成年人对自己或审讯人员所表达得不甚清楚的信息进行重新阐释，以及对产生的误会进行必要的解释。例如，涉案未成年人将合适成年人的“法定代理人”身份误以为是律师，并且咨询一些法律问题，这时候合适成年人需要对涉案未成年人就合适成年人的角色与律师的角色分别进行澄清。

8. 澄清话语的特点和格式有哪些?

合适成年人与涉案未成年人都来自不同的文化背景，涉案未成年人可能使用合适成年人包括审讯人员都未使用过的词语，或是不熟悉的话语。因此，寻求澄清以促进沟通是很有必要的。通过澄清，可以了解很多额外信息，包括涉案未成年人的想法、感受、行动原因、经历的情境，可以使合适成年人与审讯人员对涉案未成年人有更清楚的认识，也可以促使涉案未成年人领会合适成年人或者审讯人员所传达的信息，还可以协助涉案未成年人进行深入、具体的自我探索，使其清楚地了解自己想要表达的问题和面临的处境，并由此延伸出与涉案未成年人关于文化背景或经历的讨论，拉近彼此之间的关系。

通常，澄清技巧的话语格式有以下三个特点：一是用开放式问题引导涉案未成年人做出更多的表达，并用封闭式问题来获取简单、明确的答案；二是直接请涉案未成年人进行详细补充或举例说明；三是合适成年人以简单易懂的文句、词语进行重新阐释，并配以举例说明或其他补充资料。

澄清技巧的话语主要为以下四种格式：一是“你谈到__________，听起来似乎你觉得__________，是这样吗/你过去有过类似经历吗?”；二是“你能对你刚才说的__________作更详细的解释吗?”；三是“请你针对你刚才说的__________作详细描述或举例说明好吗?”；四是“看起来你认为__________，是这样吗？如果是，很抱歉给你带来这样的理解，我刚才没有表达清楚，其实我的意思是__________。”

9. 在合适成年人工作中如何运用情感反应技巧?

情感反应是另一种表达同理心的技巧。合适成年人需要及时捕捉涉案未成年人所表达或隐藏的原始情绪及感受，并且用简洁的感受语句或肢体语言表达出对涉案未成年人感受的同理反应。情感反应的主要目的是帮助涉案未成年人澄清模糊不清的感觉。

涉案未成年人在同一时间内表达出来的感受有可能是完全相反或者充满矛盾的，合适成年人可将这类感受予以归纳或澄清。

情感反应通常包括以下两个步骤：一是观察涉罪未成年人的非言语表现。有时候涉罪未成年人迅速的和沉重的呼吸、面部变红、突然低下头、身体姿势紧张、声调和语速明显变化等信号均与强烈的情绪有关。二是合适成年人需要用温柔、谨慎的声调正确对涉案未成年人表达出来的情绪作出反应。例如，涉罪未成年人得知暂时见不到父母时说："你能不能联系我的父母，我很想他们。我不知道我还要在里面待多久，不知道什么时候才能回家，我也不知道我现在除了等还能做什么。"合适成年人可以同时给予内容反应和情感反应："你想念父母，因为见不到父母感到难过，同时也感到无助，但现在我在这里，我和你一起面对这件事，我也可以帮助你联系你的父母，向他们传达你对他们的思念。"

10. 在合适成年人工作中如何运用内容反应技巧?

内容反应，是指在涉案未成年人用大量篇幅描述自己的经历与想法或者所表达内容较混乱时，为了便于理解与记忆，合适成年人可以用比较少的篇幅、比较精简的语句，指出涉案未成年人所表达的主要意思。其主要目的是帮助涉案未成年人澄清难以表达或情况复杂的部分，同时帮助合适成年人掌握涉案未成年人所要表达的重点内容。

在实际工作中，主要有以下几种情况可能需要运用内容反映技巧：一是当涉案未成年人不能清楚地表达自己想表达的内容时，涉案未成年人可提供相关词语，以协助涉案未成年人及时、准确地去表达他的想法。二是涉案未成年人在某部分信息的表达上有矛盾或者较倾向于某个观点，合适成年人可在反应时按照某种逻辑强调某些主要词语，帮助涉案未成年人掌握重点或厘清头绪。例如，在一次讯问中，涉罪未成年人无法将自己的六次盗窃经历连贯起来，且反复重复引起审讯人员的误解，这时候合适成年人引导涉罪未成年人将事情按照时间顺序厘清再进行表达。

此外，需注意的是，在内容反应过程中，一方面合适成年人要尽量用自己的表达方式反应涉案未成年人的信息，而不是重复他们的原话，这样可以让涉案未成年人感觉到合适成年人在用心聆听；另一方面避免过多使用相同的话语格式，如多次使用“你的意思是__________”这样的开头，而是应尽量变换话语格式。

11. **在合适成年人工作中如何运用聚焦技巧?**

聚焦指合适成年人从涉案未成年人谈论的较广范围的话题或同时出现的多个话题中分解出重点，再继续进行会谈。聚焦的主要目的是减少讨论中的难题，减轻混乱的程度，使涉案未成年人在会谈中感到清楚和容易。例如，有时候涉罪未成年人无法专心于讯问过程，而是不断询问：犯罪事实是否已被家人了解；家人的状况和态度如何；还要被羁押多久；能否被取保候审等。此时，合适成年人应该协助涉罪未成年人解决困惑，使处于焦虑状态中的涉罪未成年人得到及时的关注，并帮助涉罪未成年人了解和自己相关的情况，以使他尽快从慌乱的情绪中走出，保障讯问顺利进行。合适成年人可以询问涉罪未成年人“你问了好几个问题，看起来你比较关心家人现在的情况以及你可能面临的结果”，即围绕涉罪未成年人感兴趣的一个或少数几个话题进行会谈。

12. **在合适成年人工作中如何运用对质技巧?**

对质是指当发觉涉案未成年人的言语、行为、经验、情感等出现不一致的情况时合适成年人直接发问或提出异议。对质技巧的运用应该在已建立良好关系的前提下，但是合适成年人与涉案未成年人的沟通时间有限，难以在短时间内建立起良好的关系，所以合适成年人需要谨慎使用对质技巧。

13. **在合适成年人工作中如何运用自我披露技巧?**

自我披露指的是合适成年人选择性地向涉案未成年人坦白自己的亲身体会、处事方法和态度、对人对事的感受，引导涉案未成年人借鉴别人的经验作为处理自己问题的参考。[①] 其主要目的是安抚涉案未成年人的情绪，让他感受到合适成年人的理解和支持，如果涉案未成年人知道合适成年人曾经历过与他相似的处境，就更会对合适成年人产生信任，因为他感到合适成年人可以理解他的经历、顾虑与心情。在此基础上，带动涉案未成年人去表露自己深层次的思想及内心的感受，并引导涉案未成年人更换看待问题的角度或积极面对和处理问题。

具体运用中，主要分为两个阶段：在自我披露前，合适成年人需要考虑披露的时机、内容和表达方式。披露的内容主要包括自己或身边朋友的与涉罪未成年人相似的经历、感受等，但合适成年人需认真细致地对要坦白的亲身经历进行衡量，判断其与涉案未成年人现在的问题、处境是否紧密相关，现在的时机是否适宜进行自我披露，这些内容能否受到涉案未成年人的关心和关注。披露的表达方式还要考虑到涉案未成年人接受的水平和能力，使用他们容易理解的语言和方式进行表达。在自我披露后，可以引导涉案未成年人就合适成年人所做的披露进行讨论和分析，让他去考虑这是否能作为他处理自己问题的参考，合适成年人还需注意涉案未成年人对司法社工自我坦白行为的反应，以评估运用此技巧能否为涉案未成年人带来正面的效果，再考虑是否适合使用。如果涉案未成年人认为司法社工所坦白的过往经历对其没有参考价值，合适成年人应予以接纳，不要将自身的经验强加于他身上，以避免涉案未成年人产生厌烦或抵触情绪。

14. 合适成年人自我披露的主要内容是什么？

一是合适成年人自身与工作相关的证据。例如：“我来自××地方，××单位，经过专门的培训加入了合适成年人的队伍中，为法定代理人无法及时到达现场的未成年人提供专业的支持

---

① 黄陈碧苑、廖卢慧贞、文锦燕著：《交往技巧的运用与分析》，清华大学出版社，2005 年版。

服务。”同时展示工作证件。二是为帮助涉案未成年人调整情绪而在特殊问题上自我披露感情。例如，“我也来自单亲家庭，我的父母在我初中时离婚，现在我和我的母亲一起生活。我非常能够理解你既渴望父母的关注却又担心因为自己打扰他们各自的生活的心情。”又如，“我在小学三四年级时也曾偷偷拿过同学的水彩笔，但是经过老师和家长的教育，我已经知道这样做是不对的，所以现在没有再偷过别人的东西了。有过这样的经历，我们便知道盗窃这样的行为是不对的，并且是很严重的，已经知道错了，不再犯错就好。”三是为了使涉案未成年人的经验正常化而自我披露感情。例如，“很多人都没有想到法律后果会这么严重，尤其是在得知会被拘押一个月时间，所以你现在具有恐惧、痛苦、悔恨等情绪都是正常现象。”又如，“其实我也是这样的，非常在意社会大众普遍的价值观念，所以经常按照别人的想法做事情。但其实每个人的人生追求并不一样，别人认为是好的并不一定是我们自己所追求的，你觉得呢?”

15. 自我披露技巧在运用中的注意事项有哪些?

自我披露的主要目的是安抚涉案未成年人的情绪，让他感受到合适成年人的理解和支持，如果涉案未成年人知道司法社工曾经历过与他相似的处境，他便可以感到合适成年人可以理解他的经历、顾虑与心情。因此，在使用自我披露的技巧时，仍需要注意很多方面。

首先，合适成年人应有“每个人都是不一样的价值个体与理解个体”的理念，即能够意识到自己与涉案未成年人之间，以及涉案未成年人之间在年龄、性别、教育、社会阶层、文化、人生经历等方面的各种差异，意识到每一个人都具有其独特性。因此，对每个个体而言，即使是相类似的处境，也可能带来不同的经历，具有截然不同的意义。其次，自我披露技巧不宜使用过早，需要在合适的机会下使用，不合时宜的自我披露容易对涉案未成年人造成不安和分心。再次，自我披露的时间不宜过长，内容不宜过多，避免合适成年人成为主要发言者。因为这容易使谈论的焦点发生转移，即从关注涉案未成年人的问题转移到关注合适成年人的经历和个人资料上。最后，自我披露的内容不宜过多涉及个人经历的困难和不幸，避免使涉案未成年人认为合适成年人需要帮助，而不是有能力帮助别人的人。当涉案未成年人质疑和轻视合适成年人的助人能力时，合适成年人工作的有效性会大打折扣。

16. 在合适成年人工作中如何运用教育技巧？

教育是合适成年人基于本身的专业特长，把涉案未成年人需要学习的知识和技巧传授给他们，以促使他们发生认知行为和态度的改变。其主要目的是协助涉案未成年人提升认知水平与解决问题的能力，增进社会功能。例如，一名涉罪未成年人因辞职遭到用人单位拒绝，涉罪未成年人不能顺利辞职，也不能得到单位扣除的押金，于是涉罪未成年人因对用人单位的处理方式不满而做出报复行为，将用人单位主管的私人财物窃取。面对该涉罪未成年人，合适成年人可以协助涉案未成年人了解和学习劳动法中的相关规定，以及维护个人权益的方法、途径，帮助涉罪未成年人提升个人解决同类问题的能力。

具体运用中，主要分为三个阶段：一是先了解涉案未成年人的情况，分析他们所需学习的知识或技巧，如回归社会所需要的知识、技巧，在羁押环境中需要了解的法律知识等。二是根据涉案未成年人的具体需求，以适合涉案未成年人的方法对他们展开相关教育，如经验分享、技能训练等。在教育过程中，合适成年人需要留意涉案未成年人是否正确领会了信息，如有必要，应及时进行澄清。需要注意的是，合适成年人教育的目的是引发涉案未成年人的思考，而不是直接告诉涉案未成年人你要做什么，不要做什么。三是鼓励涉案未成年人独立思考，尝试应用所学知识、技巧独自处理自己所遇到的困难。

17. 如何开展法律教育？

法律教育主要是指针对涉案未成年人的法律认知水平进行的教育工作。无论是涉罪未成年人还是未成年人被害人、证人，他们都需要参与诉讼流程，因此他们应该了解和学习相关法律知识。根据涉案未成年人的特点，合适成年人可以开展相应的法律教育。实践证明，单纯依靠惩罚措施威慑犯罪行为的效果并不显著，因此直接对涉案未成年人灌输法律规定的教育方法并不适合。

合适成年人应协助涉案未成年人真正理解违法行为的伤害性及法律公平正义的追求，促使其对法律形成尊重的态度。在开展法律教育时，合适成年人可以与涉案未成年人探讨其违法行为发生的原因及所造成的结果，引导其换位思考理解违法行为的伤害性质及程度，再针对涉案未成年人对法律的认识及看法进行讨论，协助涉案未成年人理解法律公平正义的追求。对未成年人被害人，合适成年人更应当注意开展法律保护职能的相关教育培训。

18. 在合适成年人工作中如何运用观点重构技巧？

观点重构是工作者以一种全新的方式向受助者介绍那些如何看待他们自己、如何看待存在的问题和如何看待所处形势时的所言所行。[①] 这与教育技巧类似，不同之处在于重构的目的是使涉案未成年人摆脱已有的信条，重新审视自己以前的观点，促使其产生改变的动力。

观点重构主要包括三种形式：

一是从消极到积极的重构，即将涉案未成年人的消极想法解构，并重新树立积极的想法，增加自信心。例如，一名涉罪未成年人表示“不能原谅我自己”、“无法弥补受害人”、“我的人生

① ［美］Barry Cournoyer 著，朱孔芳、杨旭、丁慧敏译：《社会工作技巧手册》，华东理工大学出版社，2008 年版。

已经毁了，别人会把我当作坏人”，合适成年人这样反馈：“你说你不能原谅自己，在我看来，这表示你已经深思熟虑过，也知道自己的行为给别人带去了伤害。你认为自己无法弥补，其实这是你有责任心、有担当的表现，弥补的内容远没有这份衷心更重要。”

二是个性化思考，即鼓励涉案未成年人把他分配给外界的责任转移到自己身上来，增强其责任感、个人力量和控制能力。以上述例子示范，合适成年人可以这样重构：“就像你无法原谅自己造成的后果，被害人及很多人可能都无法原谅你、理解你，但是你准备逃避面对周围的一切评价吗？其实周围人对你的看法和评价源于此次犯罪行为，你有责任心也有担当，面对此次事件以及一系列的后果都勇于承担。”

三是情景思考，即在对涉案未成年人想法或行为表达理解的基础上，将这些想法或行为转移到外界。仍以上述例子示范，合适成年人可以这样重构：“在当前的处境中，你感到无法原谅自己、无法弥补别人、人生毁了，我能够理解这些想法和感受。即使是一个非常乐观的人，生活突然发生这样巨大的变化，也是很可能产生这些想法的。”

19. 在合适成年人工作中运用建议技巧？

建议是合适成年人在对涉案未成年人的需求进行了准确评估以后，提出的客观、中肯、具有建设性和有助于涉案未成年人解决问题的意见。其主要目的是协助涉案未成年人学习和掌握用来解决需求、处理问题的可行性方法，帮助涉案未成年人提升解决需求、处理问题的能力。

建议的话语格式通常是“我在遇到类似的问题时是__________解决的，你可以参考然后选择适合你的方法”。在实际工作中，运用“建议”技巧主要分为三个阶段：首先，合适成年人以商量的口吻、征询的态度提出建议，并且使涉案未成年人有充分的余地接受或拒绝。其次，合适成年人说明提出该建议的原因或根据，与涉案未成年人充分讨论该建议的适合性和可行性。最后，给涉案未成年人自行选择接受或拒绝建议的权利，切记合适成年人不可将自己的意见强加给涉案未成年人。

20. 合适成年人在运用建议技巧时易犯的错误是什么?

合适成年人在给予涉案未成年人建议的时候，容易犯以下两个错误：

一是直接告诉涉案未成年人如何去解决问题，而不是关注问题解决的方法或途径。合适成年人提供建议的目的在于增强涉案未成年人的决策能力及决策范围，从而改善其生活状态。如果合适成年人匆忙给出建议的话，那么涉案未成年人可能将无法学习独立解决问题的方法。合适成年人应协助涉案未成年人评估过去的经历对其当前的生活带来的积极或消极的影响，从而促进涉案未成年人进行自我审视，并在衡量每种办法的利弊得失后主动作出选择并接受选择的后果。

二是在涉案未成年人作决定以后过早给予建议。例如，在得知涉案未成年人以后想继续在大城市打拼，努力赚钱以后将父母接过来，合适成年人给予了如下建议："如果我是你，我会回到父母的身边。你难以适应大城市的生活，你的父母可能也难以适应，如果你回家在父母身边，反倒可以生活得更安逸些。"合适成年人在尚未准确评估涉案未成年人的需求的前提下盲目提出建议，可能造成涉案未成年人混乱，难以明确自己所作决定的初衷。

21. 在合适成年人工作中如何运用提供信息技巧?

提供信息是将一些涉案未成年人需要或想要得知的信息传达给他们，但必须在审讯人员在场的前提下。这些信息包括一些国家对于未成年人的保护政策、合适成年人的工作经验、涉案未成年人父母当前的状况、诉讼流程相关规定等。

例如，涉案未成年人通常不知道等待自己的诉讼流程是怎样的，不明确自己需要被拘留多长时间，不了解取保候审的条件等，合适成年人可以与审讯人员沟通以后，将可以提供的信息告诉涉案未成年人。提供信息的主要目的是帮助涉案未成年人舒缓情绪，以便考虑自己的情况，采取适应当下环境的行为。

22. 在合适成年人工作中如何处理沉默？

涉案未成年人在思考如何回答合适成年人提出的问题时可能表现出沉默。若涉案未成年人仅仅是需要时间来处理信息并做出反应，那么合适成年人仅需耐心等待，这时候的沉默、停顿有助于涉案未成年人进行充分的思考；若是涉案未成年人表现出困惑、欲言又止、动作不自在，这时候合适成年人需要打破沉默并澄清问题，鼓励涉案未成年人自由表达，如“你好像因为这个问题感到很挣扎，能把你内心挣扎的原因告诉我吗？”

若涉案未成年人产生了防御或敌对心理，则可能会用沉默的方式表达不信任。这时候合适成年人需要进行自我反思，审视自己的言行举止是否引起了涉案未成年人的不满，再向涉案未成年人真诚地表达歉意。另外，审讯人员的态度有时也会引起涉案未成年人的沉默，合适成年人需及时促进双方的理解和沟通。

若涉案未成年人需要空间来宣泄自己的情绪，也可能用沉默来表现。这时候合适成年人需要留给涉案未成年人足够空间去感受和体验这些情绪，并在之后给予抚慰。

若涉案未成年人天生性格内向、沉默寡言，那么他们通常不习惯给出冗长的解释，也不会给予自发的回应，所以合适成年人应采用开放式问题与封闭式问题结合的方式激发涉案未成年人作出回应。

若涉案未成年人对于合适成年人的话没有想要回应的，则表明涉案未成年人对于该话题或观点没有更多要说的，合适成年人应及时更换话题，避免涉案未成年人产生尴尬的感受。

23. 什么是移情？

合适成年人与涉案未成年人之间产生一些非现实的、非理性的反应，被称为移情反应和反移情反应。面对这种现象时，合适成年人要认真甄别、及时处理，否则会严重影响专业关系的建立和专业服务的开展。

移情是指涉案未成年人把过去自己对某人产生的情感、态度等情绪体验转移和投射到合适成年人身上，对合适成年人做出相应的反应的过程。正向的移情反应表现为涉案未成年人对合适成年人的情感依恋和理想化，甚至把异性的合适成年人当作恋人来寻找情感寄托，使专业服务的原有目的和性质发生偏离。负向的移情会使合适成年人无法顺利开展工作，涉案未成年人会表现出明显的抗拒反应，如“我不需要合适成年人”等。这两者都比较容易被观察出来从而进行及时纠正。

24. 什么是反移情？

反移情，是指合适成年人将以往的经历及与他人的关系中产生的感受和情感转移到涉案未成年人身上，将涉案未成年人当作某个特定的人看待，对其产生一种非现实的感情、态度与反应。正向的反移情表现为合适成年人对涉案未成年人的过分认同。例如，在一起盗窃案件中，涉案未成年人陈述自己盗窃是为了给病重的母亲治病，自己的哥哥姐姐都不帮忙，母亲唯一的希望就是自己了。合适成年人由此产生强烈的悲悯情绪，询问审讯人员盗窃的钱物能否不归还，提出能否通过其他途径帮涉案未成年人募捐给母亲治病，并且对涉案未成年人这一行为给予充分的肯定和支持，完全忽略去确认信息的真实性，以及这一错误处理方式对被害人造成的损失和伤害。负向的反移情表现为合适成年人对涉案未成年人的认同过少。例如，在一起贩毒案件中，涉案未成年人通过卖淫方式获取毒品，并且认为自己卖淫这一行为是两相情愿，并无任何错误之处。合适成年人直接批判地回应：“你这种行为是错误的，我完全接受不了你这种行为。”合适成年人把自己对问题的看法和反应置于涉罪未成年人之前，这种错误反应合适成年人自己很难及时察觉。

这两类反移情反应的产生都需要合适成年人及时反思，及时更改工作方式或策略，必要时可以中止服务，转介给其他合适成年人工作。

25. **在合适成年人工作中如何有效处理移情和反移情?**

合理处理移情的办法包括提供机会让涉案未成年人将压抑的情绪得以释放和宣泄，及时澄清涉案未成年人的非现实感受，以增进其自我了解。合理处理反移情的办法包括查看谈话记录和录音及寻求督导帮助。

由于合适成年人工作的特殊性质，合适成年人与涉案未成年人的交流时间和交往条件受限，所以如果出现移情或反移情现象，合适成年人可能缺乏充足的时间和环境条件进行妥善有效的处理。因此在合适成年人工作中，如果出现移情或反移情现象，合适成年人可以进行自我调整，终止服务，更换其他合适成年人继续提供服务。